von
Conny Büttner

Mein Buch
für mich, für dich und dein Herz

Dieses Buch widme ich meinem Herzensmann.
NEIN, wir sind nicht zusammen.

Das fand ich jahrelang zwar so richtig schrecklich
und hatte nur einen Wunsch: dass dieser Mann
doch endlich meine Gefühle erwidert und wir
ein Paar werden – was allerdings nie geschah.
Dennoch bin ich ihm sehr dankbar, denn ohne unsere
Begegnung und ohne diese Gefühle,
die er in mir auslöste, hätte ich niemals
mit dem Schreiben angefangen.

Die in diesem Buch beschriebenen Figuren
und ihre Handlungen sind frei erfunden.
Jegliche Ähnlichkeiten mit lebenden oder
realen Personen wären rein zufällig.

© 2020 Cornelia Büttner

Herstellung und Verlag:
BoD – Books on Demand, Norderstedt
ISBN: 978-3-750-468-689

Autor: Cornelia Büttner
Umschlaggestaltung, Illustrationen
und Layout: Yvonne Schmidt
Lektorat: Dr. Barbara Kern

Bibliografische Information der Deutschen Nationalbibliothek: Die Deutsche Nationalbibliothek verzeichnet diese Publikation in der Deutschen Nationalbibliografie; detaillierte bibliografische Daten sind im Internet über www.dnb.dnb.de abrufbar.

Über die Autorin

Conny nimmt das Leben gern mit Leichtigkeit,
Lachen und einer ordentlichen Portion Humor.

Ihre großen Leidenschaften sind das Reisen und
das Schreiben – aber auch die Männer haben es ihr
ganz besonders angetan.

Conny hat ein Touristikstudium abgeschlossen und
nutzt jede freie Minute dafür, um zu schreiben.
Das Leben, das Verhältnis zwischen Männern und Frauen,
witzige Reiseerlebnisse und die alltägliche Situationskomik
inspirieren sie dazu. In ihrem ersten Buch widmet sie sich
humorvoll dem spannenden Thema Dating. Ihre Mission ist
es, Frauen zu ermutigen, ihren Herzensweg zu gehen.

Vorwort

Dieses Buch ist mein Herzstück. Es ist genauso farbenfroh
wie mein Leben. Die letzten Jahre war ich viel unterwegs.
Spontan fallen mir Frankreich, Spanien und Australien ein.
Dazwischen verbrachte ich aber auch immer mal wieder
Zeit in der Heimat.

Ich lebe, liebe und lache für mein Leben gern. In Barcelona
habe ich regelmäßig bis in die frühen Morgenstunden
gefeiert, das Leben genossen und mich einfach treiben lassen.
Gern habe ich mich das eine oder andere Mal ein bisschen
verguckt oder empfand die ganz großen Gefühle für mein
Gegenüber. Das tat manchmal echt weh, wenn
es nicht die große Liebe wurde.

In meinem Buch berichte ich aus meinem Dating-Leben
und wie ich letztlich und endlich – irgendwie auch durch die
Männer – zu mir gefunden habe.

Würde ich es anders machen, wenn ich noch mal die Wahl
hätte? Nein, auf keinen Fall! Sie machen das Leben doch
erst spannend und lebendig: die großen Gefühle, das laute
Lachen und das einfach mal Machen. Ich glaube, viel zu oft
schmieden wir Pläne, schreiben To-do-Listen, wägen ab,
hinterfragen alles 100-mal und finden 1000 Gründe, warum
das vielleicht doch keine so gute Idee ist. Genauso erging es
mir mit meinem Projekt, ein Buch zu schreiben.

Zu Beginn waren die Reaktionen eher nicht so ermutigend:
*„Echt jetzt, du willst ein Buch schreiben?"„Und dann auch
noch eins über Männer?!",*

„Ist nicht gerade in dem Bereich irgendwie alles erzählt?"

Wisst ihr was? – ich denke, es ist wichtig, einfach mal die
Dinge zu tun, die sich gut anfühlen, und nicht wieder erst
alles zu zerdenken. Ich neige gern mal dazu ...
Doch, was sich gut anfühlt, kann nicht so verkehrt sein.

Mit meinen Zeilen möchte ich gern das ein oder andere
Herz erreichen – diesen Gedanken finde ich wunderschön.

Ich glaube, es ist wichtig, dass wir wieder Botschaften und
Worte hören, die unser Herz berühren.

Inhaltsverzeichnis

Auf der Suche nach Liebe

Ich hab' mal eine Frage an dich:
„Warst du schon mal auf einer großen Suche?"

Viele von uns sind oder waren schon mal auf der Suche.
Was suchen wir: Das große Glück? Eine erfüllte Karriere?
Oder etwa Mr. Right – den Einen, den Richtigen, mit dem
einfach alles stimmt, mit dem man sich einfach gut versteht
und immer ganz viel zu lachen hat? Auch wenn das Äußere
des Auserwählten nicht zu 100% den Kriterien der eigenen
Wunschliste entspricht, aber Humor, der wird doch drin
sein, oder?

Kaum vorzustellen, wie langweilig ein Leben mit Mr.
Humorlos wäre. Meine persönlichen Forschungen haben
ergeben, dass Männer, die nicht lachen können, auf Dauer
ziemlich anstrengend werden. Für mich geht es ohne Humor
gar nicht.

Sind wir mal ehrlich, so ganz ohne Männer wäre unser
Leben doch nur halb so spannend, oder?

Selbst wenn das Ganze nur FWB (F-friends W-with
B-benefits, zu Deutsch: Freunde mit Vorteilen, das heißt,
man ist zwar *„nur"* befreundet, gevögelt wird aber trotzdem)
ist; sonst gibt's bei dieser exklusiven Sache keine Verpflichtungen. Man trifft sich, geht ins Kino, kocht mal was zusammen und teilt eben ab und zu das Bett, aber was Festes, oder
eine (Vorsicht!) BEZIEHUNG (sehr gefährliches Wort,
manche Typen setzen dieses Wort mit einem Käfig gleich)
ist das nicht. Dann würde ja schnell das lockere

„Benefitszeugs" seinen Sinn verlieren. Bloß nicht, wo bleibt denn da noch Platz für meine Freiheit und meine Selbstverwirklichung? Ich habe doch nicht zum Spaß den neuen Reiki-Kurs belegt, sondern um mir als Reiki-Großmeisterin einen Namen zu machen.

Sind wir mal ehrlich: Männer beschäftigen uns doch immer – mal mehr, mal weniger – selbst wenn wir planen, solche tollen Ideen wie ein „Männer Detox" für eine gewisse Zeit auszuprobieren, könnte es da kleinere Probleme geben. Bei mir hat es wunderbar geklappt – ganze 4 Tage, dann wurde ich schwach.

Das Problem mit den Männern ist auch einfach, dass diese quasi überall sind. Im Kaufhaus, im Schwimmbad oder selbst auf einer exotischen Insel.

Mein erster Traummann?

Hm, gute Frage! Mal überlegen: Wer war noch mal mein erster Traummann? Also einer, den ich so richtig toll fand? Ja, ich erinnere mich da tatsächlich an einen ... Ich war noch relativ jung, 13 Jahre alt, und mittags nach der Schule bei meiner Oma. Wir saßen zusammen im Fremdenzimmer – so wurde das genannt. Ich blätterte in meiner Jugendbibel, der „Bravissimo", Oma saß mir gegenüber und widmete sich ihrer Lieblingsbeschäftigung, sie stopfte Socken.

„Na, gibt's eigentlich einen jungen Mann, der dir gefällt?", fragte sie mich aus dem Nichts.
Ich überlegte kurz und sagte:
„Nee, Oma, da gibt's gerade niemanden."

Dann betrachtete ich die Seiten meiner Zeitschrift und musste unwillkürlich grinsen.

Oma, die mich ziemlich gut kannte, bemerkte meinen veränderten Gesichtsausdruck und fragte mich erneut:
„Bist du dir sicher, dass es da niemanden gibt?"

Jetzt musste ich noch mehr grinsen: *„Naja, wenn du mich so fragst, gibt's da vielleicht doch jemanden."*
Oma, die ebenfalls für ihre Neugierde bekannt war, fragte mich erneut: *„Und wer ist es Conny? ... Na los, sag schon!"*

Ich: *„Naja, also den Nick finde ich ganz gut."*

Dabei hielt ich die Zeitschrift nach oben und zeigte auf niemand Geringeren als auf Nick Carter (Für alle, die nicht aus den 90ern sind – ich spreche hier von DEM Nick Carter, einem echten „Backstreet Boy").

In meiner Jugend war dieser junge Mann der Traumboy jedes zweiten weiblichen Teenies und der Grund zahlloser schlafloser Nächte. Ein blonder Kerl mit Helmfrisur und dem tollsten Lächeln der Welt. Allein bei seinem Anblick musste ich grinsen. Ist das vielleicht ein bisschen bekloppt? Wahrscheinlich ist das ein typisches Verhalten für einen verstrahlten Teenie, wie ich einer war.

„Na siehste, dann gibt's ja doch jemanden. Den finde ich auch gut, den organisieren wir dir", erwiderte meine Oma, ohne mit der Wimper zu zucken.
„Was gefällt dir denn so gut an dem?",
fragte sie unbeirrt weiter.

Ich (etwas verwirrt): *„Mir gefallen seine blonden Haare und seine blauen Augen ... ach ja, und singen kann der auch noch richtig gut. Doch, sag mal Oma, wie meinst du das: ‚den organisieren wir dir' Oma, der Nick ist ein Weltstar, den können wir nicht einfach mal so besuchen oder 'organisieren', wie du sagst."*

Oma (ließ sich davon nicht weiter beeindrucken):
„Na, aber der wird doch sicher mal auf ein Konzert zu uns nach Schweinfurt kommen, da gehen wir dann einfach hin und stellen dich vor. Ganz einfach! Wirst schon sehen, das machen wir schon."

Jetzt musste ich aber wirklich lachen: *„Aber Oma, das geht doch nicht!"* Wow, diese Einstellung und dieser Ehrgeiz waren schon echt beeindruckend! Dazu muss man wissen: Meiner

Oma machte in Sachen Männer niemand so schnell was vor. *„Conny Schatz, merk dir eins: Du hast nur das Beste oder DEN Besten verdient. Gib dich bloß nicht mit irgendjemandem zufrieden. In der Liebe muss alles stimmen. Das Hirn, das Herz und die Leidenschaft, alles muss vorhanden sein. Bevor du das nicht gefunden hast, gibst du dich gar nicht erst zufrieden. Du bist ein gescheites Mädchen und aus dir wird mal eine tolle Frau, also merk dir das und denk später, wenn ich nicht mehr da bin, an meine Worte!"*

Jetzt war ich wirklich sprachlos. Diese Worte, unabhängig von dem Nick-Gequatsche, werde ich wohl nie vergessen.

Und noch eine Oma-Geschichte ist bei uns zu Hause legendär: Sie war es nämlich, die sich einst zwischen zwei Männern entscheiden durfte, und einer davon wurde mein Opa, ein nicht weniger beeindruckender Mensch.

Sie war schon 10 Jahre mit dem Werner zusammen, oder wie sie sagte: sie *„ging"* bereits 10 Jahre fest mit dem Werner, als sie plötzlich Opa beim Tanztee kennenlernte, *„und ich wusste, das war sie, die große Liebe. "* Es erwischte sie mit einem bisher unbekannten Gefühl. *„Sowas merkt man einfach, es fühlt sich an wie ein Feuerwerk, da haste keine Chance. "*

Auf ihr erstes Kennenlernen folgten unzählige heimliche Treffen, bis es dann, ein Jahr später, an unserem heimischen Bahnhof zum spannenden „Duell" zwischen dem Werner und Opa kam. Verstand sich von selbst, dass die beiden Herren schon anreisen mussten, immerhin ging es hier um das Herz meiner Oma, der coolsten Frau der Welt.

Das klang schon aufregend! So etwas wollte ich auch mal

erleben, später wenn ich groß wäre. Allein die Vorstellung, dass da zwei Männer um mein Interesse buhlten, war schon irgendwie nicht schlecht.

Von solchen spannenden Dates oder gar Duellen konnte ich bisher nur träumen. Ich hatte ja Schwierigkeiten, überhaupt einen Partner zu finden ...

Besonders, wenn ich in mich in einer nicht so schönen Situation mit einem Kerl befand oder mit den Worten *„Du sorry, aber es passt einfach nicht mit uns"* oder *„Ist ja alles nett, aber ich hab' da jetzt leider keine Gefühle, auch wenn ich wollte"*, abserviert wurde, musste ich an meine Oma denken. Bestimmt sitzt sie jetzt oben auf einer Wolke und schaut mir amüsiert bei meinem Leben zu.

Die Sache mit dem *„Nick-Effekt"* dauerte bei mir noch eine Weile. Immer wieder gab es Jungs, die so ein bisschen nach *„Nick"* aussahen und für die ich heimlich schwärmte. Ich traute mich jedoch nie, diese anzusprechen. Ich hatte nie ein *„Nick-Double"* als Freund, der sah immer anders aus.

Tommylein!

Ein Jahr später, mit 14 Jahren, lernte ich auf einer Geburtstagsfeier Tom kennen, einen echt süßen Kerl. Er war bereits 19, also richtig *„erwachsen"*. Das Ärgerliche an der Sache war, dass er sich nicht so richtig für mich zu interessieren schien. Den gesamten Abend über saß er mit seinen Kumpels auf der Couch, trank Bier und bewegte sich keinen Zentimeter. Interesse sah eindeutig anders aus: Bis auf ein, zwei Male, als sich unsere Blicke zufällig trafen, schien von seiner Seite keine wirkliche Begeisterung da zu sein.

Ich hingegen war Feuer und Flamme, und da ich im damaligen Alter eher selten bis nie solchen *„erwachsenen"* Männern begegnete, nahm ich meinen ganzen Mut zusammen und fragte beim Gehen meinen Kumpel Michi nach Toms Nummer. Dabei gab er mir eine wichtige Information: Tom hatte keine Freundin. Super, dann konnte ich mich die Tage ja mal bei ihm melden.

Gesagt, getan: Am nächsten Tag saß ich mit lautem Herzklopfen und einem dicken Kloß im Hals auf meinem Bett und starrte auf den Zettel in meiner Hand. Stunden später nahm ich ganz mutig den Hörer in die Hand, um seine Nummer zu wählen. Wie man das eben so macht, wenn man jemanden treffen will.

Um bei der Wahrheit zu bleiben: Zu Beginn traute ich mich nicht wirklich und beendete die Aktion immer wieder, kurz nachdem ich die ersten Ziffern gewählt hatte. Damals hatten wir noch so ein Tipp-Telefon mit Schnur, da musste man die Zahlen noch einzeln eintippen. Ich war allerdings so nervös und aufgeregt, dass ich Schiss hatte, überhaupt noch etwas raus zu bringen, falls er tatsächlich abnehmen sollte.

Piep, piep ... unbekannte weibliche Stimme:
„Hallo, hier Meister." (Mist, es war eine Frauenstimme. Höchstwahrscheinlich seine Mutter)

Ich: *„Ja, hallo!"*, setzte ich mutig an,
„Hier ist Conny, ist denn der Tom da?"

Weibliche Stimme: *„Moment mal, wer?"*

Ich: *„Äh, Conny."*

Weibliche Stimme: *„Thomas, da ist eine Conny für dich, ... Tommylein!"*

Tom: *„Häh, wer?"*

Weibliche Stimme: *„Eine Conny."*
(Na, das lief ja großartig für mich)

Tom (etwas müde): *„Sers."*
(abgeleitet vom fränkischen Gruß *„Servus"*)

Ich: *„Hallo Tom, hier ist Conny*
(lieber nochmal meinen Namen nennen, sicher war sicher).
Also, wie geht's dir so?"
(das klang jetzt zwar etwas verzweifelt mit dem *„also"* davor, war aber eh zu spät)

Tommylein: *„Ja, geht so, war halt schaff' und jetzt läuft gleich Fussi – warum?"*

Ich (Wie warum? Kann der mich nicht wenigstens noch fragen, wie es mir geht? Tzz, Männer, das konnte ja noch was geben): *„Ja, cool, das freut mich."* (Häh, was redete ich denn da? Aber egal, immerhin wollte ich ihn ja fragen, ob er sich mal mit mir treffen wollte)

Tom: *„Was gibt's denn? Warum rufst du überhaupt an?"*

Der klang ja mal richtig begeistert, mich zu hören. Doch, jetzt oder nie! Ich nahm all meinen Mut zusammen und sagte: *„Naja, also, ich wollte fragen, ob wir uns vielleicht mal treffen wollen, oder so?"* Ich sprach ins schier endlose Nichts, denn am anderen Ende der Leitung herrschte Stille.

Dann kam nur ein: *„Naja, hm! Weiß auch nicht … warum?"*

Das fragte er ernsthaft – leider!

Aus heutiger Sicht, circa 16 Jahre später, hätte ich meinem damaligen Ich dringend davon abgeraten, an dieser Stelle noch weiter zu fragen. Wenn bei so einer Frage der Typ überlegen muss und nach einem Grund fragt, wäre es besser, ihm einen schönen Tag zu wünschen und schleunigst aufzulegen.

„Weißt du was, lassen wir es einfach dabei. War schön, dich gehört zu haben, aber das mit dem Treffen ist wohl keine so gute Idee. Wir hatten uns auf der Feier ja schon nichts zu sagen und hier scheint es sich ganz ähnlich zu verhalten. War zwar nett, dich gerade mal zu hören, aber geh du lieber zum Fussi und ich gehe in die Stadt zum Eis essen."

Das hätte ich mal lieber sagen sollen, habe ich aber nicht.

18

Jedenfalls fragte ich einfach fröhlich weiter und am Ende hatte ich tatsächlich ein Date mit Mr. Tom.

Stunden vor unserem Date war ich ziemlich aufgeregt. Ich stand vor dem großen Spiegel, schmierte großzügig Make-up auf die Lippen und dann noch eine dicke Schicht Gloss darüber. Ja, richtig gelesen, früher strich ich mir die Paste direkt auf die Lippen. Das hatte ich zuvor in der *„Zuckerstück"* gelesen: eine Zeitschrift, die uns Teenies mit Mode und Schminktipps durch unsere ach so grausame Teeniezeit helfen sollte. Dort hatte ich auch gelesen, dass *„Nude"* der allerneueste Trend wäre. Den Gedanken an meine trockene, eher spröde Haut schob ich bei diesem Trend lieber mal schnell zur Seite.

Zwar sah ich nach Vollendung meines Werkes eher aus wie eine Wasserleiche, doch ich änderte erst mal nichts. Schließlich war dieses Nude *„in"*, somit musste es gut aussehen.

Das leichte Kribbeln, das ich kurze Zeit später auf meinen Lippen bemerkte und das sich in Sekundenschnelle in einen fiesen Juckreiz verwandelte, versuchte ich fürs erste zu ignorieren. Das war bestimmt nur die Nervosität.

Jetzt aber nichts wie ab zum Bus!
Keinesfalls wollte ich zu spät kommen.

Nur wenige Meter von unserem Treffpunkt entfernt, erblickte ich schon ein bekanntes Gesicht.
Aber nein, es war nicht mein Date, sondern Tante Helga.
Helga: *„Ja mei, was macht denn meine Schrumbumbel da? Halllooo!!!"*, schrie sie unüberhörbar laut über unseren gesamten Busbahnhof.

19

Noch peinlicher hätte es nun wirklich nicht sein können, ausgerechnet hier, so kurz vor meinem Date, meiner Tante zu begegnen. Und weil ich schon immer ehrlich war und mir auf die Schnelle nichts anderes eingefallen wäre, sagte ich: *„Also, ich habe gleich ein ... Date."*
Das erwies sich allerdings als Fehler!

Helga: *„Ein Date, Meeensch, Conny, toll! Ein Mann!!!*
Aber sag mal, du siehst ein bisschen blass aus, besonders deine
Lippen, ist auch alles okay bei dir?"

Ich: *„Äh ja, das ist Nude, das trägt man jetzt so!"*
(die hatten doch alle keine Ahnung was *„in"* war, diese komischen Erwachsenen)

Helga über die allerneuesten Trends zu informieren blieb mir keine Zeit. Ihr aber, Gott sei Dank!, auch nicht. Sie musste nämlich noch unbedingt den Bus erwischen, sonst würden die *„Hähnerl"* kalt werden, und auf die freue sie sich schon den ganzen Tag.

Als Helga abgedampft war, blieb mir sogar noch ausreichend Zeit, um meinen Nude-Look aufzufrischen. Ich trug lieber noch mal eine extra dicke Schicht auf, damit der Effekt auch möglichst lange hielt.

Jetzt aber keine Zeit mehr verlieren und schleunigst Richtung Treffpunkt! Dort angekommen, war meine Eile anscheinend völlig umsonst, denn von Mr. Tom fehlte jede Spur. 5, 10, ja 20 weitere Minuten vergingen, dann endlich kam mir ein großer, echt süßer Kerl entgegen.

Tom: *„Sorry für die Verspätung, ich habe heute mal noch ausgeschlafen."*

Ich: *„Ach du, kein Problem, ich bin ja auch erst gerade gekommen."*

Diese Antwort erschien mir in dieser Situation wesentlich besser, als zuzugeben, dass ich schon 20 Minuten wartete. War ja schön, dass er noch gemütlich ausgeschlafen hatte, das fing echt gut an. Doch was hatte ich denn erwartet?

Ich: *„Schön, jetzt bist du ja da. Wo wollen wir denn hin?"*

Tom: *„Hm, keine Ahnung. Du hast mich doch treffen wollen ... Weißt du denn nicht, wohin du willst?"*

Ich: *„Naja, dann lass uns doch mal ins Café Glück gehen! Magst du?"*

Tom: *„Nee, das mag ich nicht."*

Ich: *„Okay, dann schlag was anderes vor ...!"*

Tom: *„Dann halt ins Eiswunder."*

Nach der Bestellung eines großen Eisbechers wurde die Stimmung nicht gerade besser – zu erzählen hatten wir uns leider auch nur sehr wenig.

So erfuhr ich, dass Tom unter der Woche *„schaffe gehe"* und am Wochenende sei dann *„Fussi angesacht"*.
"Und zum Saufen geht's ins Westend, so zum Ausgleich halt!"

Jetzt nichts gegen eine ordentliche Feierei oder mal ein bisschen betrunken sein, aber das als den einzigen Ausgleich zum „*Schaffe*" zu sehen, fand ich dann doch etwas langweilig. Zugegeben, mein Leben war da mit Hausaufgaben und „*GZSZ*"-Schauen auch nicht viel spannender, aber irgendwie hatten wir uns einfach nichts zu sagen.

Nach unserem Desaster im Eiscafé ging es Richtung Kaufhaus. Er wollte nach einer CD schauen, da konnte ich mit, „*wenn ich wollte*". (Oh, wie nett!) Also gingen wir Richtung Musikladen. Dort trafen wir Peter, einen Freund von Tom. In Sekundenschnelle änderte sich Toms Stimmung und es sprudelte nur so aus ihm heraus. Ganz ehrlich, so viel hatte der mit mir nicht geredet.

Tom: „*Ey Mann, was machst du denn hier?*" „*Wie geht's? Kommst heut' mit zum Fussi?*"
Kaum zu bremsen war er auf einmal.

Peter: „*Hey Moment mal, magst du mir nicht mal deine Begleitung vorstellen?*" Damit war ich gemeint.

Tom: „*Ach die, das ist die Conny, die wollte sich heute unbedingt mit mir treffen und zum CD-Gucken wollt' se auch mitkommen, deswegen is' die jetzt da*" – sprach's und ich suchte mal wieder verzweifelt nach einem Erdloch, in das ich schnell hüpfen konnte.

Das war ja ein richtig tolles Date, oder eher ein richtiges Desaster. Na, das konnte ja nur besser werden und eins war sicher, so schnell kümmerte ich mich um kein Date mehr.

Max oder Abfuhr im Mondlicht

Sardinien übertraf bei weitem meine Erwartungen. Unser Campingplatz befand sich direkt am Meer, und der Urlaub wäre auch für mich zum absoluten Highlight geworden, wenn es nicht noch diesen einen unglücklichen Abend am Strand gegeben hätte ...

Wir schwammen der untergehenden Sonne entgegen – einfach nur traumhaft! – und suchten uns ein abgelegenes Plätzchen für ein Lagerfeuer. Es war einfach schön hier! Ich allerdings freute mich noch aus einem ganz anderen Grund, denn heute wollte ich meinen ganzen Mut zusammennehmen und Max meine Liebe gestehen. Wie süß, dass ich meine Gefühle damals wirklich für Liebe hielt, aber gut, ich war halt 16 Jahre alt und mit 16 sind Gefühle = Verliebt-sein und Verliebt-sein = Liebe. So einfach.

Ich: *„Du Max, kommste mal mit, ich muss dir was sagen."*

Max (etwas verwirrt): *„Okay."*
(er folgte mir tatsächlich)

Allein beim Anblick seiner blauen Augen bekam ich weiche Knie. Wir verstanden uns super und erst heute wieder hatten wir uns sooo viel zu erzählen. Zwar redete ich die meiste Zeit, doch das klappt schon, würde ich sagen, er war halt ein wenig schüchtern. Zusammen lachen konnten wir ja auch, und das war mir schon damals sehr wichtig: Mit meinem Freund muss ich lachen können. Und mit Max ging das schon mal gut.
Jetzt oder nie!, schoss es mir durch den Kopf, als ich ihn so

im Mondlicht am Lagerfeuer beobachtete.

Ich begann mal ganz mutig: *„Wow, schön hier! Gefällt dir Sardinien auch so gut? Also ich find's einen Traum!"*

Max: *„Ja absolut, Sardinien ist echt top!"*

Ich (noch etwas nach Zeit suchend): *„Geht mir genauso, wirklich super hier."*

Max: *„Aber Conny, gibt's da nicht noch etwas, was du mir sagen willst, sonst hättest du mir das ja auch bei den anderen sagen können, oder?"*

Mist, jetzt konnte ich wohl nicht mehr länger von der Schönheit der Insel schwärmen, sondern musste ihm wohl oder übel sagen, warum ich ihn hierher *„entführt"* hatte. Also fasste ich mir ein Herz und stammelte ein wenig unsicher drauflos: *„Also pass auf, es ist Folgendes, ich finde, wir verstehen uns. Du gefällst mir richtig gut und so. Naja, also, ich wollte dich fragen, wie du das siehst?"*

Max: *„ Hey wow, Conny! Also das ist echt mutig von dir, mich einfach von den anderen wegzuziehen, um mir das zu sagen. Es ist so, dass ich dich auch echt mag, du gefällst mir auch. Ich muss sagen, wie wir letztes Jahr in Schweden waren, da fand ich dich auch richtig toll – aber du hattest nur Augen für Leo. Und jetzt Conny, sorry, aber naja, du bist mir halt irgendwie zu uncool."*

Ich: *„Was, letztes Jahr warst du von mir begeistert und auf einmal bin ich dir zu uncool?"*

Max: *„Ja schon, du hängst nicht so mit der richtigen Gang ab."*

In diesem Moment wäre es mir am liebsten gewesen, wenn mich eine besonders große Welle, oder gleich ein ganzer Tsunami in die Tiefen des Meeres gezogen hätte ... Nur leider, wie immer in solchen Momenten, passieren solche Dinge gerade dann nicht. Anstatt dass ich weggespült wurde, saßen wir uns noch 'ne Weile eher schweigend gegenüber.

Zum Schluss meinte er: *„Also, von mir aus können wir gerne ab und zu mal was unternehmen – als Freunde."*

Das war wohl mein erstes *„Dann können wir Freunde bleiben"-Dings.* Hm, schade! Es wurde nichts mit einem romantischen Abend am Meer.

Statt neben Max durfte ich die Nacht neben Maike verbringen, die extremen Liebeskummer hatte und mich die halbe Nacht mit ihrem Geheule wach hielt.

Maike: *„Ich vermiss' meinen Schatz so! Heul, heul ... ich vermisse dich so, ... noch 4 Tage ... Heul, heul, du fehlst mir ..."*
„Schnauze!", das war mal zur Abwechslung Flo aus unserer Gruppe, dem Maike die ganze Woche über schon mit ihrem Liebeskummer den letzten Nerv raubte.

Ich: *„Dann wärst du besser nicht mitgefahren, wenn das ohne deinen Schatz so ein Drama für dich ist."*

Maike: *„Ich vermiss' ihn doch sooo"* (Heul, heul ...)
„Oh Mann, kannst du bitte aufhören mit dem Geheule, du hast doch 'nen Freund, auf den du dich freuen kannst", entfuhr es mir.

In diesem Moment war aus einem anderen Schlafsack ein leises Kichern zu hören. War ja klar, dass meine Aktion nicht unbemerkt geblieben war.

Für mich sollte es diesmal kein Happy End geben.

Von Sardinien bin ich bis heute begeistert und war noch ein paar Male dort. Da bekam ich dann meine romantischen Abende mit Wellenrauschen im Mondschein.

Spanien und ein heißer Flirt

Das erste Mal alleine fliegen, ohne Eltern. Mit gerade mal 18 Jahren ging es mit dem Flugzeug nach Spanien. Doch nicht nur Tapas, Vino und Guapos (zu Deutsch: Tapas, Wein und Kerle) sollten mich erwarten, sondern auch ein Sprachkurs, garniert mit dem ersten Liebeskummer meines Lebens.

Das tat vielleicht weh und ich dachte, mich nie wieder verlieben zu können. Schuld an meinem Kummer war Ben: ein süßer Schweizer mit blonden Locken und blauen Augen, so ein Typ Surferboy. Ben war Fitnesstrainer und wollte mal eben sein Spanisch ein bisschen aufpolieren.

Natürlich wusste ich von Anfang an, dass daraus jetzt nicht die große Liebe werden würde, aber eine Beziehung müsste doch schon drin sein, oder?

Noch schlimmer, ich sah mich in Gedanken schon, wie ich tagsüber gemeinsam mit meinem schnuckeligen Sportboy im Fitnesscenter schwitzte und die Abende zusammen mit ihm auf der Couch lag, Pizza aß und wir gemeinsam Serien ansahen. Okay, die Sache mit der Pizza müsste man vielleicht nochmal überdenken, er konnte dann ja gerne Gemüse und einen Kräuterdipp snacken, das ginge sicherlich.
Okay, okay, ich hör'ja schon auf, so viel Naivität hält ja keiner aus! Doch ich war völlig hin und weg und etwas verknallt – mit 18 glaubt man noch, dass Beziehungen so laufen müssten. Doch all das geschah nur in meiner Fantasie.

In der Realität sah unser Kennenlernen, besser gesagt, Aufeinandertreffen folgendermaßen aus: Bereits am ersten

Abend auf der Tanzfläche tanzte Ben mich an und küsste mich einfach so, ohne Vorwarnung. Und das war nicht nur ein normaler Kuss, sondern so richtig mit Zunge. Es fühlte sich ziemlich erwachsen an. So etwas hatte ich bis dahin noch nicht erlebt, fand's gleich richtig gut und hätte noch ewig so weiter knutschen können. Zwar fühlte ich mich ein bisschen überrumpelt, aber ich fand die Aktion auch unheimlich cool. Und wow, ich konnte es kaum glauben, dass er ausgerechnet mich geküsst hatte! Mich! Nachdem ich ihn kennengelernt hatte, wurde sogar der Sprachkurs zum absoluten Highlight.

Die nächsten Tage erkundeten wir gemeinsam die Gegend. Malaga hatte wirklich so einiges zu bieten. Wunderschöne Natur, lange Sandstränder und verschlafene kleine Fischerörtchen.

Natur hin oder her – ab jetzt hatte ich sowieso ein Dauergrinsen im Gesicht. Obwohl ich dank des üppigen, leckeren Essens meiner Gastmutter Maria immer richtig gut aß, nahm ich unglaubliche fünf Kilo ab. Nicht, dass es mir besonders wichtig gewesen wäre, eine Size Zero zu tragen, aber wenn es so einfach mit dem Abnehmen ginge – so richtig mit ordentlich Dessert–, hätte ich nichts dagegen, ganz im Gegenteil. Ich liebe Essen! Aber zum Thema Figur und Abnehmen habe ich ohnehin meine ganz eigene Meinung.

Darüber schreibe ich sicher auch mal was – aber nicht jetzt. Es gab schließlich Wichtigeres, nämlich Spanien und blaue Augen.

Ein Blick in diese Augen genügte, um mein Herz höher hüpfen zu lassen. Mein Körper war in dieser Zeit absolut durcheinander und ich in diesen zwei Wochen im völligen Ausnahmezustand. Was soll ich sagen, wir verbrachten eine tolle Zeit miteinander, allerdings wurde der Abschied dann ziemlich hart, wenn auch zu 99% für mich. Ben sah in dem Ganzen nämlich eine lästige Sache, die noch dringend vor dem Rückflug geklärt werden musste. Spätestens am Tag vor meiner Abreise wusste ich, dass es wohl nichts mit unserer schönen Beziehung werden würde.

Im Nachhinein betrachtet, war das leider abzusehen. Es kam, wie es kommen musste: *„Hey Süße, wir hatten echt 'ne schöne Zeit, aber ich hab' eben die Lara und die liebe ich auch so richtig, das ist was mit Zukunft. Sorry, falls ich dir irgendwie falsche Hoffnungen gemacht habe."*

Mehr Erklärung brauchte es wohl nicht und meine große Befürchtung, dass wir wohl doch keine Paar werden würden, wurde schlagartig bittere Realität.

Jetzt konnte ich meine Tränen nicht mehr zurückhalten und sah seine blonden Locken nur noch verschwommen durch einen Tränenvorhang. Zum Glück bog genau in diesem Moment der Bus um die Ecke und befreite mich aus der eher nicht ganz so glücklichen Situation. Die Verabschiedung fiel dementsprechend kühl aus. Hatte er mich am ersten Abend so was von abgeknutscht, reichte es nun leider nur noch für eine Umarmung und einen flüchtigen Schmatzer auf die Wange.

Zu meinem Unglück war der Bus ziemlich voll, und ich musste mich zusammenreißen, um nicht gleich wieder loszu-heulen. Auch auf dem Rückflug am nächsten Tag konnte ich nur schwer meine Tränen unterdrücken. Das Ganze ging so

weit, dass mich irgendwann die Frau, die neben mir saß, fragte, ob alles okay sei. Und ich dann inbrünstig: *„Oh Mann, dieser Scheißkerl!"*, von mir gab.
Da reichte sie mir Schokolade und sagte: *„Oh Mann Mäuschen, immer diese Männer, echt alles Scheißkerle. "*

Und Birgit, so hieß die Dame, erzählte mir im Anschluss von ihren zwei gescheiterten Ehen, ihren drei Hunden und fünf Kindern. Okay, mein Leben war dann vielleicht doch nicht so schrecklich, dachte ich, als wir wieder in Deutschland landeten.

Liebeskummer ist zwar nicht so toll, aber wie jeder weiß, vergeht dieser und ist auch irgendwann mal vorbei. Bei mir dauerte es glücklicherweise gar nicht sooo lange, denn bereits nach ein paar Wochen lernte ich einen ziemlich netten Kerl kennen und wir hatten danach auch eine richtig schöne Beziehung. Er hatte zwar keine blonden Locken und war kein Fitnesstrainer, aber das war wohl auch besser so.

Man sieht sich immer 2-mal

Ich befand mich gerade mitten im Abenteuer meines Lebens:
Ich war in Australien und machte dort, wie wahrscheinlich
70% meiner Generation, nach dem Abi erst mal ein Work &
Travel. Das ist ganz gut als Findungsphase nach dem ach so
stressigen Abi ... Okay, ich hör'schon auf!
Mit 20 denkt man eben noch ein bisschen anders als
nach ein paar Jahren, angekommen im harten Berufsalltag.

Damals hieß es: Lieber mal schnell weg aus dem doch eher
öden Büroalltag und rein ins spannende Abenteuer, nach
Australien!

Gerade lief ich in Brisbane über die Straße, als ich dachte, ich
träume ... Das konnte doch nicht sein?! Wer stand da, hier
in Australien, besser gesagt, lehnte lässig an einem VW-Bus?
Richtig, Ben. Genau DER! Im ersten Moment dachte ich, es
müsse sich um eine Verwechslung handeln, aber da öffnete
Blondie schon seinen Mund und fragte mich in seinem un-
verwechselbaren schwyzerdütschem Dialekt:
„Mensch Modl, was machst DU denn hia?
Des 'is ja was!"

Spätestens jetzt war klar, das es sich um keine Verwechslung
handelte, sondern um genau denselben Typen, wegen dem
ich vor zwei Jahren so richtig fiesen Liebeskummer hatte.

War Australien denn nicht weit genug weg? Denkste! Tolles
Sprichwort: „Man sieht sich immer zweimal im Leben."

Ben hatte sich nicht besonders verändert. Er sei mit seinem

Kumpel Olli unterwegs. Der war gerade im Pub und wenn ich Lust hätte, könnten wir ja noch einen trinken gehen, so als Freunde, und anstoßen auf unser großes Wiedersehen. Ich hatte unsere letzte Begegnung zwar weniger freundschaftlich in Erinnerung, aber gut, tranken wir eben auf die Freundschaft, ganz abgesehen davon, gab's hier immer einen Grund zum Trinken.

In der Bar angekommen, erkannte ich seinen Kumpel schon von Weitem. Der wurde bereits von einer Horde junger Mädels umlagert, sodass es gar nicht so leicht war, an ihn heranzukommen.

Olli: *„Hey Leute, kommt ma' rüber! Hier gibt's die Drinks!"* Der Anblick genügte mir schon, um zu wissen, dass diese zwei Boys für das ein oder andere gebrochene Herz sorgen würden ...

Wie sich ein paar Monate später herausstellte, sollte ich recht behalten. Anna lernte ich auf einem Roadtrip entlang der Ostküste kennen und bereits an unserem ersten Abend am Lagerfeuer erfuhr ich von ihrem *„heißen Ding"* mit so 'nem coolen Schweizer – sein Name war Ben. Und ihre Freundin hatte großes Interesse an seinem Kumpel, Olli oder so ähnlich. Aha, wusste ich's doch.

Aber ich möchte nicht vorgreifen und generell hat Australien, das wirklich große Abenteuer, hier keinen Platz. Der Sache widme ich mich ein anderes Mal, versprochen! Zurück zur Bar: Im nächsten Moment drückte mir Ben einen Drink in die Hand und verschwand in Richtung Tanzfläche, wo er bereits sehnsüchtig von einer Blondine, die in Neonschrift „Naughty bitch" auf ihrem Top stehen hatte, erwartet wurde. Ben beugte sich auf Naughty Bitch herab und fing an, hemmungslos mit ihr herumzuknutschen ...

Was machte ich hier eigentlich? Ich nahm noch einen letzten Schluck von meinem Getränk und verschwand dann schleunigst. Das ging ja schon gut los mit dem Backpacken in diesem Australien. Hoffentlich sah man sich nicht allzu bald wieder!

Auf dem Rückweg zum Hostel fiel mir auf, dass es eigentlich ganz witzig war, ihn ein zweites Mal getroffen zu haben, wenn auch an einem Ort, mit dem ich nie gerechnet hätte. Das ist doch genau das Spannende am Leben, du kannst noch so weit weg von zu Hause sein, Mr. X aber nur wenige Meter entfernt. Außerdem hatte ich in den letzten Monaten ganz andere Dinge erlebt und mich verschiedenen Ängsten gestellt – sollte Ben gern mal bei Naughty Bitch bleiben, war besser so.

Cesar oder Barcelona Baby!

Am Wochenende waren meine Freundin Paula und ich zu einem argentinischen Barbecue auf einer spanischen Finca eingeladen. Treffpunkt war eine Bar in der Nähe der Plaza Catalunya, dort sollten die Route grob besprochen und Fahrgemeinschaften zur abgelegenen Finca gebildet werden. Normalerweise interessieren mich Latinos eher weniger, aber dieser Kerl stach mir sofort ins Auge. Braune Locken, große Augen und unheimlich sinnlich geschwungene Lippen. Wow, das war mal ein Mann! Ein bisschen wie der fleischgewordene Tarzan. Ich hatte Mühe, ihn nicht die ganze Zeit anzustarren, so männlich war dieser Mann. Aber es schien so, als wäre diese Begeisterung ziemlich einseitig, denn Don Juan, den ich so nannte, da ich seinen Namen noch nicht kannte, würdigte mich zu diesem Zeitpunkt noch keines Blickes.

Kurz danach saßen wir im Auto. Die Finca befand sich, traumhaft idyllisch gelegen, auf einer kleinen Anhöhe. Schon von Weitem hörte man lateinamerikanische Musik. Es versprach, eine tolle Zeit zu werden.

Kaum waren wir auf der Finca angekommen, stand schon Don Juan vor mir und fragte mich in perfektem Deutsch: *„Wie wär's mit 'nem Drink, Süße?"*

Es reichte nicht, dass ich schon völlig perplex war, wie perfekt er Deutsch sprach, dazu kam noch, dass Don mich doch tatsächlich *„Süße"* nannte.

So viel stand fest, dieser Mann verstand etwas vom Flirten.

Der gab sich richtig Mühe. So erfuhr ich von Cesar, so hieß Don Juan mit richtigem Namen, dass er zuvor schon ein Jahr in Berlin gelebt hatte, seine Mutter Deutsche wäre und er deshalb so gut Deutsch spräche. Außerdem studierte er Medizin, war 30 Jahre alt und Model. Wow! Ein echtes Model hatte ich dann auch noch nie kennengelernt.

Cesar: *„Hey Conny, du hast die Mega-Modelfigur."*

Ich: *„Ja nee, ist klar, ich mit meinen Kurven würde mich sicher richtig gut zum Modeln eignen."*
(Wollte der mich verarschen?)

Cesar: Nee, ernsthaft, bei uns in Venezuela ist dein Typ, „kurvig", sehr gefragt.

Also entweder versuchte er, mir mit seiner Modelmasche extrem zu schmeicheln, oder er meinte das hier tatsächlich ernst ... Das war aber auch egal, beides funktionierte ziemlich gut. Ein netter Flirt mit einem Model auf einer spanischen Finca, was wollte ich mehr?

Kurze Zeit später fragte mich Cesar, ob ich nicht Lust hätte, mit ihm mal ein bisschen an die Frischluft zu gehen, ...
„um ein bisschen Liebe zu machen". ♥

Nein, das sagte er natürlich nicht, sondern er wollte sich mal ein wenig mit mir unterhalten, „wo es nicht so viele Leute geben". Klar, ganz perfekt war sein Deutsch dann doch nicht, aber da wollte ich mal nicht so kleinlich sein.

Gesagt. Getan. Im nächsten Moment fand ich mich in einer absoluten Traumkulisse wieder – mit einem Model.

Wir saßen auf dem Dach einer Scheune, über uns nichts anderes als der Mond und die Sterne. Also kitschiger ging's wohl nicht, das war ja wie im Film.

Nur im Gegensatz zum Film war das hier Realität, meine Realität mit Don Juan, zumindest für heute Nacht. Auch wenn er es nicht absichtlich machte, aber sein deutscher Akzent war einfach zu sexy, ziemlich anziehend und very hot. Er gestand mir, dass er mich auf Anhieb mega-heiß gefunden hätte. Er mache dann lieber auf distanziert und uninteressiert, das wecke eher den *„Jagdinstinkt bei Frauen"*. Alle Achtung!

Ich war ja immerhin der beste Beweis dafür, hier oben auf dem Dach. Da konnten sich unsere deutschen Männer noch so einiges abschauen. Und schon im nächsten Moment sah ich aus dem Augenwinkel, wie mir sein Mund verdächtig nahekam. Das ging zwar verdammt schnell, aber egal, mal seh'n, ob Latinoman auch küssen konnte. Was er da mit seiner Zunge anstellte, war schon nicht schlecht. Doch auf einmal spürte ich etwas Nasses auf meiner Wange, es war seine – Zunge. Okay, das fand ich jetzt zwar ein bisschen merkwürdig, dachte mir aber nichts dabei. Im nächsten Moment jedoch packte er mit beiden Händen meinen Kopf und fuhr mir einmal quer mit der Zunge übers ganze Gesicht – und das war noch nicht genug, dazu machte er laute Stöhngeräusche und schrie: *„Ja Conny, Pornosex! Jaaa, los!"* Ich wusste erst nicht, wie mir geschah. Was zur Hölle?! Viel zu geschockt war ich, um mich aus den Armen von Don Juan zu befreien. Das war auch gar nicht so einfach, denn Latinoman war jetzt so richtig in Fahrt.

„Was denn Conny, lass uns weitermachen!
Du schmeckst so geil ..."

(Nix weitermachen, der spinnt wohl! Das war jetzt aber
zu viel für mich) Schnell kletterte ich vom Dach und ging
schleunigst zurück zur Feier.

Andere Länder, andere Sitten.

Ralf oder Prost auf Malle

Schon lange fieberten meine Freundin Mimi und ich unserem Kurztrip zum Ballermann entgegen. Nur noch einmal schlafen, dann sollte es endlich so weit sein: tagsüber gemütlich am Meer relaxen und abends dann ordentlich Party.

Da weder Mimi noch ich jemals zuvor auf Malle geurlaubt hatten, waren wir mehr als gespannt, mal am berühmten Ballermann zu feiern. Das Partyviertel kannte ich bis jetzt nur aus Erzählungen oder aus „taff"-Reportagen.

„Holá, willkommen auf Mallorca!", begrüßte uns der Rezeptionist in unserem Hotel, seinem Strahlen nach zu urteilen, schien er besonderes Interesse an meiner Freundin Mimi zu haben.

„Where are you from? ... Ah, Germany!"

Und schon ging es wieder los: Dieses Phänomen war immer zu beobachten, sobald ich mit Mimi unterwegs war. Mimi ist und bleibt einfach ein Männermagnet.

Unser Zimmer war schnell bezogen. Außer zwei klapprigen Betten und einem kleinen Tisch mit Spiegel gab es hier nicht viel.

Das Bad war ebenfalls sehr spartanisch eingerichtet, aber für unsere Zwecke war das völlig ausreichend. Unser Highlight war der Balkon, der eignete sich perfekt zum Vorglühen.

„Na dann mal Prost, auf uns und auf Malle!"

Der Titel ‚Scheiß drauf, Malle ist nur einmal im Jahr' von Peter Wackel dröhnte aus den Lautsprechern.

„Und hier und heute unser Freund, auf den ihr alle schon wartet, hier kommt er, unser Bester, der Einzige, der Wahre, hier ist für euch euer ... Jürgen!"

Jetzt war das Partyvolk kaum mehr zu bremsen, ob nüchtern oder völlig besoffen, es wurde gegrölt, was das Zeug hielt.

„Hey Jürgen, du bist der Beste!", schrie es aus einem schweinchenrosa Schwitzegesicht direkt neben mir. Und wums, im nächsten Moment spürte ich auch schon einen nassen Bierbauch in meinem Rücken. *Igitt!!!*

Das war für meinen Geschmack dann doch ein wenig zu nah. Um hier möglichst schnell wegzukommen, machte ich einen Schritt nach vorn, was sich als Fehler erwies.

Da wir nahe der Bühne standen – immerhin wollten wir gleich einen guten Blick auf die Show haben –, verringerte sich nun der Abstand. Und als ich eben diesen Schritt nach vorne machte, ergriff ich eine Hand ... und fand mich – richtig! – auf der Bühne wieder. Diese Hand gehörte zu niemand Geringerem als zum Jürgen. Oh no! Ich war direkt auf der Bühne gelandet, und wie ich so ins Publikum blickte, entdeckte ich auch schon Mimi, die mich angrinste und auch schon ihr Handy zückte.

Viel Zeit zum Nachdenken blieb mir nicht, denn im nächsten Moment wurde ich von Jürgen im Kreis herumgewirbelt zu ‚Ich mach' ein glückliches Mädchen aus dir'.

Naja okay, dann tanzte ich jetzt eben noch schnell 'ne Runde mit dem Malle-Jürgen. Waren schon lustig diese drei Minuten Fame. Das Gekreische besonders der weiblichen Fans wurde mit der Zeit immer lauter: *„Jürgen, Jürgeeen, ich will ein Kind von dir." "Jürgen, bitte heirate mich!"*

Uih, der schien hier aber richtig beliebt zu sein, konnte sich vor Angeboten kaum retten.

Nach dem Lied und meiner kleinen Tanzeinlage begleitete mich ein Security Man – so ein Muskelpaket – gemeinsam mit Jürgen von der Bühne.

Hier, ein T-Shirt und ein Autogramm. Danach gab es noch eine schnelle Umarmung und Tschüss, das war's dann mit dem Jürgen.

Als ich mit T-Shirt und Autogrammkarte bewaffnet zu meiner Freundin zurückkehrte, strahlte die mich breit an: „Hey, lass dich drücken, DU warst der Hammer! Und du hast tatsächlich mit Jürgen die Bühne gerockt, ich fasse es nicht!" (Ich auch nicht)

„Jürgen, Jürgeeeen!", grölte es weiterhin von allen Seiten. Frauen mittleren Alters schrien um die Wette, sie alle waren scharf auf das *„Jürgen"*-T-Shirt.

Meinetwegen. Das würde bei mir sowieso keine Verwendung finden, weder passte dieses besonders hübsche Teil zu meinem Alltagslook, noch würde ich es als Nachthemd anziehen. Ob es dafür noch ein paar Euro bei Ebay gab, war mir eigentlich auch recht egal, und so warf ich es einfach in die Menge.

Die nachfolgende Szene erinnerte mich stark an einen Schlussverkauf, bei dem sich die Frauen am Wühltisch um 'nen Schlüpper kloppten – ein äußerst bizarrer Anblick.

„Pfoten weg, das hatte ich zuerst", fauchten sie sich gegenseitig wild an. Mit hochrotem Kopf und schweißnasser Stirn gewann am Ende eine vollbusige, sonnengebräunte Dame das begehrte Kleidungsstück.

Nach der ganzen Aufregung ging ich erst mal an die Bar. Auf die ganze Aktion brauchte ich jetzt einen Schnaps.

Ich: *„Zwei Tequila, bitte!"*

Mach drei Tequila draus!", hörte ich eine tiefe, männliche Stimme hinter mir.

Schnell drehte ich mich um und sah in die Augen eines ziemlich attraktiven Mannes.

Tequilaman: *„Hi, ich bin der Ralf und wer bist du, Hübsche?"*
Ich: *„Hi ich bin Conny."*

Ralf: *„Hi Conny, ich hab' dich vorhin auf der Bühne gesehen, nicht schlecht deine Performance."*

Ich: *„Ja, war ganz witzig, ein bisschen spontan eben."*
(dass das eher ein Versehen war, wollte ich ihm jetzt nicht erklären)

Ralf: *„Gefällt's dir bei uns?"*

Ich: *„Ja, schon ganz witzig hier."*

Ralf: *„Das wievielte Mal bist du hier?"*

Ich (etwas verwirrt): *„Wo? Hier im Deppencircus? Das zweite Mal, wir waren gestern schon mal kurz hier."*

Ralf: *„Nee, nicht hier! Du bist ja süß, ich meine, auf der Insel?"*

Ich: *„Das erste Mal."*

Ralf (sichtlich überrascht): *„Oh wow, eine Inseljungfer also!"*
Ich (sag mal, hatte der sie noch alle?): *„Bitte?!"*

Ralf: *„Ganz neu auf der Insel eben."*

Ich: *„Und du?"*

Ralf: *„Das 11. Mal dieses Jahr."*

Moment, hatte ich mich da gerade verhört? Wie das 11. Mal, dieses Jahr? Mallorca war bestimmt eine schöne Insel, keine Frage, aber das klang ja fast so, als ob er hier einen Zweitwohnsitz hätte.

Ralf: *„Cheers, auf dich!"*, prostete er mir entgegen und kippte den Schnaps runter. *„Wenn du Lust hast, zeig' ich dir nachher noch mein Boot – dort können wir dann gern noch 'nen Absacker trinken."*

Boote fand ich schon immer toll! Warum eigentlich nicht, der Hafen war ja nicht weit entfernt. Seitdem ich mal auf einem Boot gearbeitet hatte, war ich ein großer Bootfan.

Schnell verschwand ich zu meiner Freundin: *„Du, ich hab' da gerade einen kennengelernt, der hat ein Boot hier. Ich würd' da mal schnell mitgehen und danach komme ich wieder hierher."*

Mimi: *„Klingt spannend, aber meinst du das jetzt ernst?"*

Ich: *„Ja, ich will nur mal kurz mit, mir das Boot anschauen."*

Keine zehn Minuten später saßen wir auch schon im Taxi Richtung Hafen. Hier herrschte Ruhe. Nur die Boote schaukelten im Hafenbecken hin und her. Ralf hatte die Wahrheit erzählt, er hatte wirklich sein eigenes Boot hier liegen. Das fand ich schon ein bisschen beeindruckend. Schnell verschwand er im Schiffsinneren und sagte mir, ich solle es mir schon mal an Deck gemütlich machen, er organisiere uns noch schnell was zu trinken. Kurz nachdem ich mir ein nettes Plätzchen gesucht hatte, glaubte ich, meinen Augen nicht zu trauen, und erstarrte. Da lagen doch tatsächlich ein Revolver, mehrere Pässe und ein Tuch mit seltsamen, roten Flecken. Wenn ich mich nicht täuschte, sah das ganz nach Blut aus. Auch wenn ich nicht mehr nüchtern war, wurde ich bei dem Anblick schlagartig klar im Kopf.

Ich hatte zwar null Plan, was hier abging, wusste allerdings mit 100-prozentiger Sicherheit, dass ich hier schleunigst verschwinden sollte. Bootstour hin oder her.

Ich schnappte mir noch meine Jacke und schlich mich vom Boot. Ganz langsam und möglichst, ohne unnötige Geräusche zu machen, bewegte ich mich über den Steg. Kaum berührte mein Fuß das Hafenpflaster, rannte ich, so schnell ich konnte, Richtung Hafentor. Egal, was hier abging, aber das war *„not my business"*.

Das Herz schlug mir bis zum Hals, als ich erleichtert das Tor des Hafengeländes erreichte. Nichts wie zurück in den Deppencircus, so schnell wie möglich zu meiner Freundin! Dann gerne auch schwitzende Bierbäuche, von mir aus. So viel zum Thema: Malle ist nur ein mal im Jahr, von wegen!

Felix, mein Herzensmann

Viva la vida und este ma gente loco: In Barcelona hatte ich wirklich DIE Zeit meines Lebens. Dort ging's mir gut, alles fühlte sich einfach so richtig an ... Dann kam Felix und stellte mal eben mein Leben auf den Kopf und ich verstand die Welt, vor allem mich nicht mehr.

Zwischen zwei Wodka Lemon (unser absolutes Lieblingsgetränk) kamst du. Besser gesagt, du klicktest dich in mein Leben.

Und dabei begann eigentlich alles ganz harmlos und völlig unspektakulär mit einer Nachricht:

Felix: *„Hi, na wie geht's? Greetz!"*
(Häh, welcher Felix denn bitte?
Und wer schrieb schon „Greetz")

So was hatte ich bis dahin noch nie gehört. Keine Ahnung, wer das war? Hatten wir uns hier mal in einer Bar kennengelernt?

Felix sagte mir jetzt erst mal nichts. Von hier war er nicht. Mal weiter überlegen, vielleicht von zu Hause? Schnell schrieb ich zurück und fragte ihn, wie es denn so auf Hawaii sei, denn laut seinem Eintrag, befand er sich gerade dort.

Kurze Zeit später erhielt ich eine Antwort. Er sei schon wieder in Deutschland. In Hawaii wäre er letztes Jahr für ein Auslandssemester gewesen. Und ich erfuhr von ihm, dass wir uns noch aus der Schulzeit kannten, hätten mal 'nen ganz netten Abend in der Disco verbracht, vor Jahren. Nicht dass mein Männerverschleiß jetzt so hoch gewesen wäre, aber an ihn konnte ich mich beim besten Willen nicht erinnern.

Naja, war ja auch nicht so wichtig, erstens schrieben wir hier ja nur und zweitens konnte man sich jederzeit mal in der Heimat treffen, vorausgesetzt man wollte das.

Und das war der Beginn von ein paar sehr, sehr gefühlsintensiven Jahren, zumindest für mich. Mir gefiel einfach von Anfang an, was er schrieb. Er nannte mich „babe" und „sweet" – für mich war das was Besonderes, auch wenn's abgedroschen klingt, aber mich hatte zuvor noch nie jemand so genannt.

Auf seinen Fotos, die ich auf seinem Profil schmachtend immer wieder angrinste, oder die er mir schickte, fand ich ihn einfach nur eins: super-süß und verdammt hot. Sein Anblick ließ mein Herz höher schlagen. 🖤❤️

Inzwischen schrieben wir fast täglich und vereinbarten ein Treffen für den nächsten Heimatbesuch. Da ich ohnehin in ein paar Wochen wegen des 80. Geburtstags meines Opas heimfliegen wollte, passte das perfekt. Ab diesem Zeitpunkt fieberte ich unserem Treffen entgegen, die Vorfreude war einfach unbeschreiblich groß. Seiner Meinung nach – er fand mich auch ziemlich nice –, sollte man sich, wie er es formulierte, auf ein Interview treffen. Als ich ihn fragte, warum denn ausgerechnet ein Interview, meinte er nur ganz cool: „Naja, eben ein Interview, alles kann, nichts muss."

Die Idee mit dem Interview gefiel mir besonders gut, machte es ein einfaches Treffen doch gleich viel spannender. Wow, ein Interview! Rückblickend, ganz ehrlich, ist mir auch etwas schleierhaft, wie ich zu solch einer Euphorie neigen konnte. Ich war eben sehr verknallt in den extrem süßen Mann, auch wenn ich es nie zugegeben hätte. Vielmehr war ich es in die Vorstellung von ihm und der Sache mit mir, so wie ich sie mir ausmalte. Doch so etwas möchte man mit rosaroter Brille auf der Nase nicht hören.

Jetzt erst mal zurück zu meinem damaligen verträumten, über beide Ohren vernarrten, schwärmenden 24-jährigen Ich, für das Realität und Alltag nicht so ganz in den spanischen Traum namens Barcelona passen wollten.

Bereits Tage vor Abflug zählte ich die Minuten. Nur noch 3-mal schlafen, nur noch 2-mal ... Morgen war es endlich soweit! Sicher, in die Heimat fliegen war sowieso immer toll, aber ganz besonders freute ich mich auf meinen Mr. Interview, alles andere wäre gelogen. Die Vorfreude wuchs und ich hielt es schier nicht mehr aus.

Nachdem ich geduscht und mich für mein Interview ein wenig zurecht gemacht hatte, erklang der lang ersehnte Piepton meines Handys, dem ich ebenfalls schon den ganzen Tag entgegenfieberte.

Er schrieb nicht viel: *„Sag an, wann und wo?"* Das waren die Worte meines Interviewpartners. Na, der Mann der großen Worte schien er ja nicht gerade zu sein. Vielleicht war er nur einfach ebenfalls ziemlich aufgeregt, oder wollte er mir die Wahl überlassen? Logo, im *„mir die Lage schön passend Reden"* war ich auch schon immer eine Expertin.

Wir verabredeten uns am Park, um ein bisschen spazieren zu gehen. Er ließ mich ein paar Minuten warten, dann stand er plötzlich vor mir, diesmal nicht nur virtuell über den Chat, sondern live und in Farbe.

Er war größer als ich, hatte dunkelblonde, kurze Haare und blaue Augen. Und noch dazu roch er sooo gut. Wir grinsten uns verlegen an, begrüßten uns ganz förmlich mit Küsschen auf die Wange.

Wir hatten einen schönen Abend und ein bisschen was gab's auch zu erzählen. Ja doch, war schon ganz nett unser Interview, aber irgendwie blieb die Begeisterung aus. Da hatten wir die letzten Wochen so viel geschrieben und dann – ich hatte mir das irgendwie anders vorgestellt mit ihm. Als wir uns verabschiedeten, erwähnte er noch beiläufig, dass er morgen aufs Sommerfest ginge. Vielleicht sähe man sich da ja noch mal?

Ja, das würde man dann spontan sehen. Ich hatte schon vor, morgen auf dem Fest vorbeizuschauen, das könnten wir dann ganz locker verbinden.

Am nächsten Abend war das Fest bereits in vollem Gang, ich traf verschiedene, bekannte Gesichter von früher und unterhielt mich ein bisschen. Gähn, wie furchtbar! Gerade hatte ich so einen Typen neben mir, ein Kumpel vom Freund meiner Freundin, der mich anscheinend ganz nett fand. Aber er war sehr aufdringlich und so gar nicht mein Typ. Der wollte mich ins Restaurant einladen, am besten ins „Beste" der Stadt. Ich dürfe aussuchen ... Merkwürdig fand ich den! Er nannte mich „Fräulein". Das ging gar nicht, und die Sache mit dem besten Restaurant der Stadt war auch nicht so mein Ding.

Und dann sah ich ihn. Er stand nicht weit von mir entfernt

und grinste breit in meine Richtung. In dem Moment, als sich unsere Blicke trafen, konnte ich nicht anders und strahlte ihn an. Es kam mir so vor, als existierten nur noch wir beide. Ich registrierte das Geschehen nur noch vage, wie er kurz etwas zu seinem Kumpel sagte und im nächsten Moment auch schon auf mich zukam.

Er umarmte mich nicht einfach nur, sondern drückte mich fest an sich. Und das war noch nicht genug, denn er packte mich, zog mich zum nächsten Baum und drückte mich fordernd dagegen. Das Ganze ging so schnell, dass ich gar nicht wusste, wie mir geschah. Nachdem er sich von mir gelöst hatte, grinste er mich noch breiter an und ich blickte in seine wunderschönen, blauen Augen.

Und. Es. War. Um. Mich. Gescheh'n!

Diese Augen, dieses Grinsen, diese Aktion – ich war einfach hin und weg, er hatte mich verzaubert.
Ich brauchte einen Moment, um meine Sprache wiederzufinden: *„Hey, das ist ja mal eine Begrüßung! ... Also, ich freue mich auch, dich zu sehen"*, brachte ich schließlich hervor.

Felix: *„Ja, ich mich auch, wartest du schon lange?"*
Ich: *„Warten? Nee, wir sind hier auch schon 'ne Weile da, aber cool, dass du noch gekommen bist!"*

Felix: *„Na, aber logo. Das Sommerfest lasse ich mir doch nicht entgehen und außerdem dachte ich, sieht man sich ja vielleicht. So, aber jetzt muss ich weiter, wir seh'n uns später sicher nochmal, oder? Würd' mich freuen."* *„Klar, ich denk' doch"*, erwiderte ich cool. (viel cooler, als mir eigentlich zumute war, aber das musste er ja nicht wissen)

Den weiteren Abend verbrachte ich damit, mich zwar immer mal wieder mit anderen zu unterhalten, aber hauptsächlich hielt ich nach Felix Ausschau und von Zeit zu Zeit warfen wir uns flirtende Blicke zu.

Dann stand er auf einmal wieder vor mir. *„Komm mit!"*, sagte er, legte den Arm um meine Schulter und zog mich mit sich. (Klar, kam ich mit, in seinen Armen das war schon ein echt gutes Gefühl)

Schnell organisierten wir uns noch einen Federweißen und ließen uns auf einer Bierbank nieder. Das heute war so anders als gestern noch – da war plötzlich dieses unglaubliche Verlangen nach der Nähe dieses Mannes. Was war nur auf einmal geschehen?

Dieser Abend war fast schon magisch. Ich fühlte mich so zu Felix hingezogen, dass es sich in Worten nur sehr schwer beschreiben lässt. Dieser Typ war ein Kerl nach meinen Vorstellungen. Erstens war er ein ganzes Stück größer als ich, er sah so MÄNNLICH aus. Er hatte die blauesten Augen, die ich jemals gesehen hatte und er war einfach unglaublich cool. Dass Felix attraktiv war, stand für mich außer Frage. Hier war meine innere Checkliste völlig überflüssig.

Außerdem kamen wir aus der gleichen Gegend, waren auf dieselbe Schule gegangen, er hatte etwas Vertrautes, obwohl ich ihn eigentlich gar nicht kannte.

„Na, wie geht's?", grinste er mich an, als hätte er meine Gedanken gelesen und bemerkt, wie sehr ich inzwischen in ihn verknallt war.
„Gut, geht's", grinste ich etwas verlegen zurück.

Wir wussten beide, dass es ab jetzt nur noch eine Frage der Zeit war, bis wir uns küssen würden. Das merkt man einfach.

Wir hatten beide keine Lust auf Reden. Immer wieder grinsten wir uns verdächtig an, aber irgendwie geschah nichts, bis ich einen Schluck von meinem Getränk nahm – ich war aber auch so etwas von nervös – und den Saft auf mein neues Spitzenoberteil schüttete, genauer, direkt in meinen Ausschnitt „*Hoppla!*", das kam von meinem Gegenüber. Er deutete auf den Fleck, sah mir eindringlich in die Augen und strahlte mich erneut an. Diesmal gab es kein Halten mehr und im nächsten Moment spürte ich auch schon seine weichen, warmen Lippen auf meinen Mund und wir begannen hemmungslos zu knutschen.

Dieser Mann konnte küssen. Waren unsere Küsse am Anfang eher noch schüchtern und zurückhaltend, wurden sie mit der Zeit immer fordernder und leidenschaftlicher. Es war, als hätte in diesem Moment die Welt wirklich aufgehört, sich zu drehen. Mir war alles egal, denn das hier mit diesem Mann neben mir, das war mehr als gut. Zwischenzeitlich ließen wir mal wieder die Finger voneinander, warfen uns fordernde Blicke zu, um dann auch schon wieder übereinander herzufallen. „*Wow, das war es! So, und nicht anders, wollte ich geküsst werden.*"

Wir schlichen uns noch leise weg in einen Hof in der Nähe, um ein bisschen ungestörter zu sein. Hier ging es noch wilder zur Sache, diesmal konnten wir unsere Hände nicht mehr voneinander lassen und wurden immer heißer aufeinander.

Als ich plötzlich seinen harten Penis an meinem Bein spürte, war es völlig um mich geschehen. Ich wollte ihn und er wollte mich. Es fiel uns schwer, uns danach wieder voneinander zu lösen. Zwei Tage später war es dann auch wirklich so weit. Er kam mich besuchen, wir versuchten zwar ein bisschen Smalltalk, aber irgendwie war das nicht möglich. Wir hatten einen anderen Plan, wollten körperlich fortsetzen, wo wir das letzte Mal aufgehört hatten. So dauerte es nicht lange und wir lagen uns wild knutschend in den Armen. Kurze Zeit später waren wir auch schon nackt und rieben unsere Körper leidenschaftlich aneinander. Oh Mann, so was hatte ich noch nie erlebt, das hier fühlte sich einfach unbeschreiblich gut an.

Eins war klar: Ich wollte diesen Mann. Die Tatsache, dass ich die nächsten Monate in Spanien sein würde, war mir in dem Moment völlig egal. Wir konnten gar nicht genug voneinander kriegen.

Zurück in Spanien musste ich natürlich erst mal ausführlich von meinem *„Interview“* berichten. Es hatte mich ganz schlimm erwischt, ich kam aus dem Schwärmen nicht mehr raus. In der Zeit danach schrieben wir uns viel, auch durchaus Zeug der Kategorie: Dirty stuff. Aber das war gut so, dieser Typ machte mich einfach irre heiß und ihm schien es nicht anders zu gehen. Was soll ich sagen: Inzwischen sind aus dieser ersten Begegnung schon mehrere Jahre geworden. Jahre, in denen wir uns immer wieder getroffen, mal was unternommen haben oder aber auch einfach nur 'ne Runde miteinander im Bett waren. Fünf Jahre sind, wenn man so richtig fies verknallt ist, gar nicht so lang.

Da wir beide viel unterwegs waren, war es auch nicht ganz so leicht, Treffen zu arrangieren. Und so schafften wir es nur, wenn wir beiden mal in der Heimat zu Besuch waren. Aber klar, immer nur mit dem Hintergrund, *„dass das zwar nicht* *nur Spaß ist, also keine reine Bettkiste, sondern schon auch mehr, aber für was Festes würde weder die Entfernung, noch so richtig das Gefühl passen.“* Also von seiner Seite! Autsch, da war sie wieder: die Sache mit dem Gefühl.

In ihn war ich so richtig böse verliebt. Und wer sagt, wer liebt oder wer verliebt ist, macht sich gern mal zum absoluten Deppen, der hat recht. Für ihn ging ich sogar über Grenzen, zumindest ländertechnisch.

Und das Ganze kam so:

Wir waren mal wieder eine ganze Weile dabei, miteinander zu schreiben. Zu dieser Zeit war ich beruflich in Frankreich, also nicht ganz um die Ecke. Aber hey, was machen denn schon fast 10 Stunden Fahrt aus, wenn man die Chance hat, seinen Traummann zu treffen.

Also zögerte ich nicht lange und fragte ihn nach einem Treffen. Dass dafür meine Ferien drauf gingen, alleine schon fast zwei Tage wegen der ganzen Fahrerei, war mir in dem Moment völlig egal. Es gab eine Chance, sich zu sehen, und das war das, was zählte. Und er hatte auch Bock auf ein Treffen.

Juhu! Wir hatten ein Date. Naja gut, nicht gerade ein Date im klassischen Sinn, aber, ehrlich gesagt, war das bei uns beiden egal, wir konnten uns sehen und auch spüren, uns nah sein – ich musste jetzt nicht noch Stunden mit ihm im Park spazieren gehen.

Allein auf der Fahrt nach Hause, schrieben wir die ganze Zeit miteinander, zu groß war die Vorfreude und zu heiß waren wir aufeinander. Als ich zu Hause ankam, hatte ich mein gesamtes Guthaben für ihn geopfert, aber das tat ich nur allzu gern. Nach 10 Stunden Fahrt angekommen, wollte ich mich eigentlich noch ein bisschen hinlegen, aber irgendwie war bei der Aussicht auf den heutigen Abend an Schlaf nicht zu denken.

Nachdem ich mich geduscht und hübsch gemacht hatte, so aufgeregt wie ich war, machte ich fast einen Freudensprung, als ich das Klingeln an der Haustür vernahm.

Ich rannte die Treppe hinunter, versuchte wenigstens ein bisschen gegen das Kribbeln im Bauch anzukommen und öffnete die Tür. Und da stand er. Er sah noch besser aus, als ich ihn in Erinnerung hatte. Wow, dieses Lächeln und diese Augen, ich war schon wieder wie verzaubert.

Wir strahlten beide um die Wette und ich war die erste, die wieder zurück zur Sprache fand: *„Hi, schön dass du da bist – endlich!"* Seine Begrüßung äußerte er gleich mal in Form eines Kusses. Wir brauchten einfach keine Worte. Und was das schon wieder für ein Kuss war. Wir standen noch in der Tür und vergaßen alles um uns.

Als die Tür zufiel, waren wir schon so heiß aufeinander, dass ich kurz überlegte, ihn gleich hier im Flur auf den Boden zu ziehen. Aber wir schafften es gerade so ins Bett.

Ich versuchte noch, mich von ihm zu lösen und mal ein bisschen zu reden. Aber nur ein Blick in seine Augen genügte, um diesen Gedanken augenblicklich wieder zu verwerfen. Das hier war nicht die Zeit zum Reden. Es dauerte nicht lange und schon waren wir dabei, uns gegenseitig die störenden Klamotten vom Körper zu reißen. Noch Tage danach hatte ich dieses verdächtige Grinsen im

Gesicht, sobald ich an Felix dachte.

Unsere Begegnungen benötigten nie viele Worte. Wen wundert's angesichts dieser Anziehung! Bei einem späteren Besuch überraschte er mich, wie er mit Jogginghose und weißen Socken in beigen Birkenstocklatschen lässig in der Tür stand. Wenn man sagt: „ein Mann muss dir auch in weißen Socken und Birkenstocklatschen gefallen", dann war das hier der ultimative Beweis, dass es tatsächlich möglich war. Das schafften nicht viele. Als sich unsere Blicke trafen, ich wollte gerade von meiner Fahrt berichten, bekam ich nur ein „*Stromausfall*" zu hören. Aha, das erklärte dann wohl auch, warum sich die Wohnung gerade im Dunkeln befand.

Danach nahm er meine Hand und führte mich in sein Zimmer. Er hatte sogar Kerzen angezündet und Musik lief im Hintergrund, so richtig romantisch. Aber, pah die Kerzen gab es sicher nur wegen des Stromausfalls? Oder stimmte das etwa gar nicht und er suchte nur nach einem Vorwand für diese romantische Stimmung? Er und Romantik? So schlau, in diesem Moment auf den Lichtschalter zu drücken, war ich leider nicht. Aber egal, es gab mal wieder Wichtigeres als einen Stromausfall.

Rückblickend war es eben nur „*Spaß*". Nicht mehr und nicht weniger. Diese Abmachung klappte wahrscheinlich für ihn ganz gut, aber meinem Seelenzustand ging es leider etwas anders. Klar, tat ich am Anfang noch auf super lässig und meinte noch, „*was 'ne coole Sache*". Doch in Wahrheit war ich inzwischen schon über beide Ohren in ihn verliebt, so richtig heftig, mit fiesem Kribbeln im Bauch – und das wohl seit unserer magischen Begegnung auf der Bierbank damals auf dem Sommerfest.

Das soll als Einblick in diese Zeit genügen.

Doch die Männer, die ich in den folgenden Jahren kennenlernte, schienen irgendwie nie so richtig passen zu wollen.
Irgendeinen Grund gab es immer: Mal waren sie mir zu
klein, mal zu langweilig, ein anderes Mal zu interessiert oder
sie hatten einfach den falschen Haarschnitt. So richtig wollte
mir vielleicht auch gar kein anderer gefallen, denn ich wollte
ja Felix.

Das liebe Onlinedating

Nach ein paar Jahren als Single, dachte ich, wäre es ja mal ganz spannend, einen Typen (im besten Fall natürlich Mr. Right) online kennenzulernen.

Man kennt sich überhaupt nicht, doch – ähnlich wie im Supermarkt – surft man auch im Internet durch die Reihen und schaut sich an, was es schönes Neues im Portal gibt. Immerhin gibt es bei mir im Freundeskreis Pärchen, die sich alle online gefunden haben. Und es handelt sich bei den eben Genannten um durchaus vorzeigbare, reale Menschen, mit Humor und echten Interessen ausgestattet.

Erst neulich habe ich zwei Hochzeitseinladungen erhalten, also schon mal ein Beweis dafür, dass *„online"* eine Möglichkeit ist, einen normalen Mann kennenzulernen. Sorry, das mag vielleicht etwas hart klingen, aber es gibt leider auch viele Vollidioten, die sich manchmal erst auf den zweiten oder dritten Blick als solche erweisen. Aber zurück zu meinem Onlinedating.

So hatte ich in der nächsten Zeit mal ein paar Dates. Manches von ihnen würde ich allerdings nicht als Date, sondern vielmehr als *„Experiment"* bezeichnen, auch wenn mir das erst hinterher aufging. Also lest selbst, denn es wäre wirklich zu schade, meine Dating-Geschichten für mich zu behalten.

Experiment: Thorsten36

Das Profil von Thorsten36 gefiel mir auf Anhieb. Wir schrieben schon seit ein paar Tagen miteinander und verabredeten wir uns für ein baldiges Treffen. Gerade beim Onlinedating finde ich es wichtig, sich möglichst zeitnah zu treffen, um abzuchecken, ob man sich in Zukunft noch ein wenig öfter sehen möchte. Denn virtuelle Welt und Real Life können manchmal Welten voneinander entfernt sein.

Optisch war Thorsten schon mal ein echt hübscher Mann. Nicht, dass es mir nur aufs Äußere ankäme, aber unwichtig ist es auch nicht.

Er war groß, fast zwei Meter, was ich super fand – bin ja selbst mit meinen fast 1,80 m keine kleine Frau. Im Restaurant hielt er mir die Tür auf – ist jetzt zwar kein Muss, aber wenn Mann es von sich aus macht, habe ich auch nichts dagegen.

Er trank vielleicht ein bisschen viel Bier, aber darum machte ich mir erst mal keine weiteren Gedanken, immerhin war Freitag und da konnte man sich schon mal das ein oder andere Feierabendbierchen gönnen. Ich hatte zwar auch ein bisschen was getrunken, aber unsere Getränkerechnung von 70 Euro schockte mich dann doch etwas. Ich kenne mein Trinkverhalten und diese Rechnung passte so gar nicht zu mir.

Der Abend endete bei ihm, aber kaum waren wir angekommen, schlief er auch schon ein, was mir nur recht war. Am nächsten Morgen hätte ich allerdings die Signale richtig deuten sollen. Bei näherem Betrachten seiner Wohnung, die sehr modern eingerichtet war, fand ich es doch etwas seltsam, dass die halbe Küche aus leeren Bierkästen bestand. Das war mehr, als jeder Vorrat hergab! Naja, vielleicht feierte er eben gerne viele Parties und war noch nicht zum Entsorgen gekommen, war alles möglich.

Als er sich allerdings auf meine Frage nach Frühstück beherzt ein weiteres Bier öffnete, hätte die Sache eigentlich klar gewesen sein müssen. Eigentlich! Eine Chance gab ich ihm noch. Als ich bei unserem nächsten Treffen nach einer halben Stunde das elfte Bier zählte, während ich noch mit meinem ersten Radler kämpfte, wurde es mir doch zu viel. Erst recht, als er sagte: *„Immer diese scheiß Kinderlimo, die du da trinkst.“* Das war mein Stichwort: Als er sich das zwölfte Bier bestellte, entschuldigte ich mich kurz und kam nicht mehr zurück. Das war auch mein letztes Treffen mit Thorsten – das waren einfach 10 Bier zu viel!

Experiment: Sonnenschein

Sein Name war „*Sonnenschein*", und er sah auf dem Foto echt nett aus. Seine Bilder versprachen einen Mann mit Abenteuerlust und Reisebegeisterung. Mit ihm konnte man sich auf jeden Fall mal treffen. Wir telefonierten ein paar Mal und er hatte eine äußerst sympathische Stimme, so stand einem Treffen nichts mehr im Weg.

Ich weiß nicht, ob du das kennst, aber es kommt durchaus vor, dass das Bild gleich in mehrfacher Hinsicht so gar nichts mit der Realität zu tun hat. Genau das passierte, als mir Sonnenschein wirklich gegenüberstand. Diese Gestalt, sorry, anders kann ich ihn beim besten Willen nicht beschreiben, hatte so rein gar nichts mit dem Typen vom Foto gemeinsam.

Traurig, aber wahr: Lediglich ein paar grau-blonde Strähnen erinnerten an das einst blonde Haar. Er hatte ziemlich tiefe Falten, müde Augen und sah irgendwie verlebt aus. Das war mir einfach zu viel, ich wollte keinen Junkie daten.

„*Was zur Hölle?!* ... ", wäre es mir fast entfahren, als ich ihn sah. Ich wollte noch abhauen, damit es gar nicht erst zu einem Treffen käme, aber da hatte ich die Rechnung wohl ohne Sonnenschein gemacht ... Bereits im nächsten Moment klingelte mein Handy verdächtig laut in der Tasche. Mist, ich hatte wohl vergessen, es noch auf lautlos zu stellen. So kramte ich zwar noch panisch, aber, wie es bei uns Frauen doch immer ist, hatte ich natürlich nicht nur mein Handy, sondern auch noch eine Bürste, einen Lippenstift, meinen Geldbeutel und ein paar Bonbons in meiner Tasche, sodass es nicht gerade einfach war, das Handy ausfindig zu machen.

Als ich es endlich fand, ging ich noch kurz ran und sagte kurz angebunden: *„Hi!"* Meine Vorahnung, dass es sich dabei um Mr. Sunshine handelte, wurde leider noch im selben Moment Realität.

„Ach hallo, na wartest du schon lange?", er grinste mich etwas schräg an. *„Na, dann können wir ja jetzt auflegen, wenn du schon da bist."*

(Mist, wie kam ich aus dieser Nummer bloß wieder raus?)

Doch siehe da, da kamen wir an einer Apotheke vorbei, in deren Fenster ein Plakat hing, mit der Frage: *„Quälen Sie Ihre Regelschmerzen? Das muss nicht sein!"* Das war meine Rettung. *„Du sorry, aber ich hab' heute den ganzen Tag über schon so fiese Bauchschmerzen, können wir unser Treffen vielleicht verschieben?"*

Er sah zwar traurig aus, willigte aber doch ein. Schnell verabschiedete ich mich und rannte Richtung Bahn. In der Bahn löschte ich erst mal auf der Stelle *„Sonnenschein"* und hinterher die ganze App, sicher war sicher!

Experiment: Freddy, der Schauspieler

Freddy gefiel mir auf Anhieb: nettes Lächeln, echt ansteckend und einfach süß. Er war Schauspieler. Wow, wie cool, einen Schauspieler lernte ich nicht jeden Tag kennen.

Er wäre am Wochenende zufällig in der Stadt, da er zuvor auf einer Premierenfeier eingeladen sei, und könnte das dann perfekt mit unserem Treffen kombinieren.

Es war der perfekte Tag für ein Traumdate: Traumwetter mit Sonnenschein und blauem Himmel. Ich fand zwar Shorts ein bisschen gewagt für ein erstes Date, aber bei dem tollen Wetter wollte ich unbedingt noch ein bisschen Farbe bekommen. Falls ihn mein Outfit stören sollte, wäre er eh nix für mich.

Kurz vor unserem Date, ich war bereits am Schlossplatz, bekam ich eine Nachricht von meinem Möchtegern-Leonardo. Er fragte mich, ob ich was dagegen hätte, wenn sein Kumpel noch mitkäme? Und ich hatte mir Gedanken gemacht, ob Shorts zu gewagt wären. Und der wollte seinen Kumpel mitbringen.

Fand ich zwar komisch, aber gut, da war ich wohl zu spießig, wenn ich dachte, dass es sich bei einem Date um ein Treffen von zwei Menschen handelt – ich wieder!

Zwar war ich jetzt, was das Date betraf, nicht mehr ganz so euphorisch, allerdings zu neugierig auf meinen Schauspieler.

Ich erkannte ihn sofort, hübsches Gesicht, das hatte er, keine Frage, aber der Rest. Wie soll ich ihn beschreiben: ein paar Kilos zu viel wäre irgendwie leicht untertrieben. Massig trifft es wohl am ehesten. Ziemlich krass ... Ach ja, und die andere Gestalt neben ihm, mit Sonnenbrille, musste wohl sein Kumpel sein.

Er trug eine große braune Tüte: *„Hey, du bist ja schräg drauf, dass du dich da einfach so darauf einlässt; das hat bis jetzt auch noch keine ‚chick‘ gemacht.“*

(Okay, er nannte Frauen also „chicks“)

Ich: *„Hey, hallo, genau richtig, ich bin voll schräg drauf, so richtig crazy, oder?“*

„Ey, lass mal ’n bisschen in der Sonne chillen, so geiles Wetter heute, schmeiß mal den Wodka rüber ... „Jo warte, gleich ...“, so oder so ähnlich lief das. Ich beobachtete die Zwei, die alles andere als nüchtern waren. Interessantes Doppel, auch wenn das für mich jetzt überhaupt nichts mehr von einem Date hatte.

Wow, das waren also Schauspieler, coole Sache! Vielleicht sollte ich sie einfach mal fragen, ob sie gerade für eine Rolle probten? Oder sollte das einfach ein bisschen Impro werden? War echt lustig, auch wenn das mehr nach einem Experiment aussah: *"Männliche Schauspieler, heute live!"*

Kurze Zeit später begann Möchtegern-Brad, mir sein Handy vors Gesicht zu halten, verdächtig nah kam er allerdings meinem Ausschnitt. Genervt schob ich sein Handy weg: *„Ey, lass mal! ... Das muss jetzt echt nicht sein.“*

„*Ey, was haste denn, is' doch nur ein bisserl Spaß, was bist'n du für 'ne Spaßbremse ... O man, ich filme halt, und schöne Dinge hab' ich besonders gerne vor meiner Linse.*"
(Aha, ja war klar ... Hier war ich gern die Spaßbremse, das war mir ein bisschen zu „*spaßig*")

„*Party People, Party!*", schrie er plötzlich über den gesamten Platz, und nicht nur ich, sondern auch andere Besucher drehten sich um und richteten ihre Blicke auf unser merkwürdiges Trio. Ich wollte mal wieder nur weg, denn das war nichts für mich. Doch ich wollte noch etwas über diese Premierenfeier hören. Also blieb ich und erfuhr, dass es gestern ganz lustig zugegangen war, dass sie angeblich mit ziemlich bekannten Schauspielern gefeiert hätten, aber die Ladies eher etwas „*zickig*" gewesen wären. Von dem Kumpel hörte ich, dass er bald nach Asien fliegen wolle, um an einem Projekt teilzunehmen, er sprach von mehreren Millionen und hatte irre „*Schiss, das Projekt zu versauen, dann kann ich meine Karriere nämlich vergessen*". Vor lauter Aufregung und Nervosität müsste er deshalb dauerhaft seinen Alkoholpegel halten, um in der normalen Welt nicht völlig abzudrehen – sprach's und kippte noch schnell einen Schluck Wodka hinterher.

Und hopp, das war auch mein Stichwort! Wer weiß, was sich diese Zwei noch einfallen ließen? Aber egal, ich war nur froh, diese Situation und diesen Ort schleunigst verlassen zu können. Ob ich dieses Traumduo vielleicht mal im Film bewundern darf, wer weiß?

Experiment: Günther

Mal im Ernst, einen Günther trifft man jetzt auch nicht alle Tage, also ich zumindest nicht. Da Günther allerdings auf dem Foto wirklich nicht schlecht aussah und wir auch ganz nett miteinander schrieben, sprach nichts gegen ein Treffen. Ich hatte keinerlei Erwartungen und freute mich darauf.

Was soll ich sagen: Als ich ihn das erste Mal vor dem Café stehen sah, war ich zunächst positiv überrascht, denn er sah schon einmal so aus wie auf den Fotos, die ich bereits von ihm kannte.

Doch zu früh gefreut! Kaum hatten wir uns kurz begrüßt und er mich gefragt, ob ich auch gut hierher gefunden hätte, begann auch schon das Drama. Das große Günther-Drama! Aber lest selbst! Er fragte mich, ob ich das Singleleben denn auch so beschissen fände, er fände das nämlich richtig den *„Abtörner ...“*

(Wie bitte ...?? Wie meinte der das jetzt? Aber egal, lieber fragte ich nicht nach und ließ ihn erst mal noch ein bisschen erzählen)

Es dauerte keine zwei Minuten und schon fing er an, mich vollzujammern, dass sein Singleleben ja so schrecklich sei. Okay, allmählich verstand ich, weshalb er Single war – wer so verzweifelt war, musste sich nicht wundern.

Alles begann, als ihn seine Ex verlassen hätte. (Ernsthaft jetzt? Das war hier unser erstes Treffen und er erzählte mir was von seiner Ex?) Er konnte es einfach nicht verstehen und dabei waren er und sein Bärchen doch so glücklich miteinander gewesen. (Ich hörte inzwischen auch nur noch sporadisch zu ... Das war mir wirklich zu viel)

Günther: *„Sag mal, hast du eigentlich 'ne Katze?"*

Ich: *„Nein, warum?"*

(Ich wollte schon sagen, dass ich eine nicht ganz so harmlose Katzenhaarallergie habe, entschied mich aber dagegen)

Günther: *„Das ist schon mal gut!"*

Ich: *„Wie soll ich das verstehen?"*
(was sich mal wieder als Fehler herausstellte)

Günther: *„Wäre Kitty nicht gewesen, dann hätte ich jetzt noch mein Bärchen."*

Jetzt wurde es interessant. Kitty, Bärchen und Günther gaben sicher ein perfektes Trio ab.

Ich: *„Was hat denn deine Ex mit der Katze und der Wohnung zu tun? Habt ihr euch deshalb getrennt?"*

Günther (inzwischen nur noch ein Häufchen Elend):
„Nee, gar nicht. Eines Tages hing der Toaster noch an der Steckdose und Kitty sprang auf den Herd und hat ihn angestellt. Dann ist der Toaster umgefallen und dabei ist die Wohnung komplett ausgebrannt."

Was war das denn für eine Kamikatzenmietze?! Ich konnte mir nur schwer vorstellen, dass eine Katze mit Monsterkräften à la Mac Gyver in der Lage war, eine Herdplatte aufzudrehen, einen Toaster umzustoßen und dann noch eine Wohnung abzufackeln.

Günther: *„Na und jetzt hab' ich 25.000 € Schulden."*

Wir kannten uns gerade mal 20 Minuten und schon erzählte mir ein wildfremder Günther von seinem Schuldenberg. Wenn Fremde einem gleich solche Dinge erzählen, zeugt das entweder von nicht allzu großer Intelligenz oder eben von ziemlicher Verzweiflung, beides nicht gerade wirklich mein Fall.

Ich: *„Und was ist passiert? Hattet ihr keine Brandschutz-versicherung?",* fragte ich.

Er (inzwischen im Stuhl versunken):
„Nein, leider nicht, jetzt schon!"

Das war dann auch der Grund, warum die Beziehung auseinanderging. Bärchen war nämlich der Meinung, dass sie jemand Zuverlässigeren bräuchte, das hier wäre ihr zu unsicher auf Dauer.

Krasse Story! Günther tat mir auf jeden Fall ziemlich leid, war eine grauenvolle Situation, hatte allerdings nichts mit mir zu tun. Shit happens! Doch was sollte ich damit jetzt anfangen? Ihm etwa dabei helfen, die Wohnung wieder aufzubauen oder seinen Schuldenberg abzuzahlen?

Ich: *„Du sorry, aber ich muss jetzt auch mal langsam wieder los ... ich weiß nicht, ob ich den Herd ausgeschaltet habe."*
(Letzteres hab' ich natürlich nicht gesagt, nur gedacht)

Günther: *„Sehen wir uns denn mal wieder?*
Ich fand es echt schön mit dir? Du kannst so gut zuhören. "

WAS ein Katzenjammer, Miau!

Experiment: D wie Tobias

Manchmal ist man sich schnell sympathisch und auch schon dabei, ein erstes Treffen zu vereinbaren. Den Rekord einer Verabredung hält bei mir – mit Abstand – Tobi, oder soll ich lieber Tobias sagen?

Zu dieser Zeit arbeitete ich am Flughafen und konnte mich einfach nicht an diesen fiesen Schichtbeginn morgens um 2 Uhr gewöhnen. Meistens war ich als „Zombie" unterwegs, da ich es nur äußerst selten schaffte, vor Mitternacht ins Bett zu kommen. Jedenfalls hatte ich wegen meiner Frühschicht chronischen Schlafentzug, konnte nicht einschlafen und so schaute ich noch mal schnell auf der Plattform vorbei. Das Gute daran: dieser Aktivität kann man durchaus vom Bett aus, im Schlafanzug und ungeschminkt nachgehen – tatsächlich, genau jetzt schrieb mich doch einer an.

Tobias: *„Hi! Na, was machst?"*

Ich: *„Hi, bin mega-müde, nur noch chillen."*

Tobias: *„Gell, du hast heut' frei?"*

Ich: *„Nee, habe bis vorhin gearbeitet und jetzt versuche ich, einzuschlafen, klappt allerdings leider nicht so ganz."*

Unser Gespräch war jetzt nicht der Hammer, aber bezüglich seines Profils wusste ich, dass wir schon mal aus der gleichen Ecke kamen. Ich muss wohl nicht erwähnen, dass ich damit schon ganz besondere Erfahrungen gemacht hatte. Online und dann auch noch aus der Heimat. Fehlte nur noch, dass er mir sagte, das wir uns kennen würden. In diesem unwahrscheinlichen Fall sollte ich wohl besser mein Profil löschen oder mich lieber gleich ganz vom *„bösen Internet"* abmelden. Aber egal, mal gucken, was der hier noch so schrieb ...

Da wir beide aus der gleichen Stadt kamen, hatten wir schon mal passende Gesprächsthemen: Kindheit, Schulzeit, gemeinsame Bekannte und Dinge, welche das eigene Zuhause so spannend machen.

Ehrlich gesagt, mag ich das Thema *„Heimat"* sehr gerne. Kommt allerdings auf den Gesprächspartner an.
Hier reicht die Skala nicht nur von 1 bis 10. Da gibt es alles: unterirdische -5 bis selten erreichte, aber durchaus mögliche 12 Punkte. Was diese Unterhaltung betraf, waren wir bei einer 4 mit Luft nach oben.

Egal, ich merke schon, Heimat ist sicher ein spannendes Thema und darüber sollte ich bei Gelegenheit vielleicht mal ein bisschen ausführlicher schreiben. Aber gerade geht's ja eher um Schlafanzug, äh sorry -entzug und Tobias.

Unser Gespräch war schon fast beendet und ich wollte es jetzt doch noch mal mit dem Einschlafen versuchen. Kurz bevor mir die Augen zufielen, nahm ich noch verschwommen folgende Zeilen wahr: *„Wenn du Lust hast, komm' ich dich besuchen, hab' mal geschaut, sind nur knapp 260 km."*

Ich war zwar etwas verwundert, aber okay, anscheinend bestand seinerseits durchaus Interesse. Hatte der doch tatsächlich geschaut, wie weit wir auseinander wohnten. Ob aus ernsthaftem Interesse oder reiner Verzweiflung konnte ich allerdings zu diesem Zeitpunkt noch nicht sagen. War mir

aber auch, ehrlich gesagt, gerade so was von wurscht...
Das Einzige, was ich jetzt wirklich wollte, war: schlafen!

Wenigstens noch ein paar Stunden, bevor auch schon die Schalter wieder öffneten und viele Menschen in den Urlaub fliegen wollten: Von der 5-köpfigen Familie mit Übergepäck bis zu den Malletouris mit Schnapsgürtel war schließlich immer was dabei. Schnell tippte ich noch ein: *„Okay, können wir ja mal machen."* (was gelogen war, im Neinsagen war ich noch nie gut)

Er antwortete darauf zu meinem absoluten Entsetzen: *„Gut, dann fahr ich mal los, bin so in 2,5 Stunden bei dir, je nachdem, wie ich durchkomme, aber um die Zeit müsste es eigentlich gehen mit dem Verkehr, die Rush Hour ist ja jetzt schließlich durch. Tschüss, ich freu mich!"*

Ich (inzwischen hellwach und etwas schneller am Tippen): *„Wie, Moment mal, du meinst, du willst jetzt vorbeikommen?"*

(Also, jetzt, jetzt?)

Er: *„Ja, ich sitze quasi schon im Auto. Ich bin schon voll gespannt, dich kennenzulernen, klingst ja echt sympathisch und dein Bild find' ich sehr süß! Ich meld' mich, wenn ich da bin."*

Ich dachte nur: Okay, gute Verarsche, muss ich sagen. Ganz schön kreativ, das musste ich ihm lassen, auf so eine Idee musste man erst mal kommen, ... Humor schien er schon mal zu besitzen. ☺

Aber egal, ich wollte jetzt nur noch eins, endlich schlafen. Hinlegen Augen schließen ... das ist doch eigentlich nicht

71

so schwer, ... diesmal schon. Wieder Augen auf – Mist, mit dem Schlafen wollte es einfach nicht klappen. Im nächsten Moment sah ich die langen Schlangen vor meinem inneren Auge und erst das ganze Gepäck, das alle mit sich herumschleppten.

Hoffentlich hatte ich nicht wieder die A-karte gezogen und musste die gesamte Schicht über am Automaten stehen und halbtote Passagiere über ihre Bordkarte belehren.

Allein der Gedanke ... Naja, vielleicht hatte ich auch Glück und konnte noch mit einem vom Gate tauschen, mal sehen. Also wälzte ich mich mal wieder nur hin und her. Alle möglichen Gedanken gingen mir durch den Kopf, doch von Schlaf war weit und breit keine Spur.

Was allerdings kam, war eine neue Nachricht von Tobias: *„Hey, wo wohnst du eigentlich? Ich hab' ganz vergessen, dich nach deiner genauen Adresse zu fragen. Übrigens, ich bin schon fast bei der Hälfte, sollte also gut durchkommen."*

Jetzt war ich wacher als je zuvor ... Anscheinend meinte er das echt ernst. Oh wow, das war absolut schräg!

Ich hatte ja auch schon mal die eine oder andere Aktion gestartet: den Besuch einer Yacht, die wir natürlich nicht auf herkömmlichen Weg am Tag, sondern nachts und auch nicht mehr ganz so nüchtern bestiegen. Oder die spontane Party vor ein paar Jahren in Thailand – im Dschungel! Dagegen war ein Besuch aus der Heimat fast schon wieder harmlos. Ich weiß nicht mehr, was der genaue Grund war, aber irgendwie war ich jetzt auch ein bisschen zu neugierig und so gab ich ihm kurzerhand meine Adresse.

Tobias: *„Danke, ich freu' mich schon!"*

Ich (eher in Trance, als wirklich voll dabei):
„Ja, ich mich auch, echt ziemlich abgefahren die Aktion!"

Was soll ich sagen, 'ne Stunde später klingelte es auch schon an der Tür.

Ich: *„Hallo?"*
„Hi Conny, machst du mir bitte auf?!"

Ach so, es war nur meine Mitbewohnerin Anna, die mal wieder ihren Schlüssel vergessen hatte …

Ich hatte gerade andere Probleme, die hießen Tobias und Heimat. Mal sehen, ob der tatsächlich noch heute vorbeikam …

Viel Zeit sollte mir nicht bleiben, um mir darüber Gedanken zu machen, denn schon klingelte es erneut.

Ich: *„Hallo?"*

Tobias: *„Hi, ich bin da, machste auf?"*

Das war er also, nette Stimme hatte er schon mal. Und dann öffnete ich die Tür und da stand er vor mir. Er war – ja schon etwas größer als ich, zumindest ein paar Zentimeter. Die Haare waren etwas dünner als auf dem Foto und das mit 26, mit 30 hatte er dann wohl 'ne Glatze? Hm! Haare finde ich eigentlich schon immer ganz gut. Muss jetzt zwar kein Afro sein, aber so ein bisschen Haar, eben was zum Anfassen oder Rumwuscheln, finde ich dann doch ganz nett. Egal, mal sehen, was das hier noch gab.

73

Dobias (kam ja aus Franken): *„Hi, ich bin der Dobias"*, stotterte er mir entgegen.

Ich: *„Krasse Aktion von dir, das hätte ich jetzt echt nicht gedacht."*

Dobias: *„Klar, warum denn nicht, wenn man sich sympathisch ist."*

Puh, das soll jetzt nicht mega-*„assig"* klingen, aber dieses Gestotter, vermischt mit dem typisch fränkischen Akzent, das war echt 'ne gute Vorlage für 'ne Stand-up-Nummer. An Schlaf war jetzt jedenfalls nicht mehr zu denken.

„Also, wenn du Bock hast, können wir gern noch was trinken gehen, was meinste?", schlug er mir ernsthaft vor.

Ich: *„Du, das sieht schlecht aus, ab 22 Uhr gibt's hier nichts mehr. Und für die City ist es jetzt auch zu spät für mich, ich muss nachher noch arbeiten. Mir ist nur nach Chillen"*

(besser gesagt: die drei Stunden zu warten, bis der Wecker ohnehin klingeln würde)

„Okay, Chillen geht klar", kam es von seiner Seite.

Ich: *„Okay, magst was trinken?"*
Was trinken wollte er dann. Also schenkte ich uns zwei Apfelschorlen ein und war gespannt, was mein Frankenexport noch so Spannendes zu berichten hätte.

Von Spannung fehlte leider jede Spur, weder das, was er erzählte, noch die Situation zwischen uns beiden gab etwas her: Das war sooo langweilig. Sorry, aber er war auch einfach so gar nicht mein Typ.

Gähn, was soll ich sagen: es war echt zum Einschlafen. Nichts ging außer dem, ach so spannenden, Thema *„Fußball"*, oder wie es bei uns in der Heimat heißt: *„Fussi"*. Ehrlich gesagt, hatte ich schon in meiner Jugend was gegen dieses *„Fussi"*. Nicht generell, aber wenn dieses tolle Fuß-thema und das Schaffen (Fränkisch für Arbeiten) die einzig spannenden Themen sind, die jemand zu bieten hat, bin ich immer ein wenig vorsichtig. Und Tobias hatte außer seiner Arbeit, die ihn auch nicht so wirklich begeisterte, nicht gera-de viel zu erzählen. Es kommt auf den Menschen an: was er mit seinem Leben anfängt, oder ob er halt *„schaffe gehe und sich damit die Sach' hat"* – wie es auf gut Fränkisch lautet.

Tobi passte eindeutig in die zweite Kategorie.

Wie heißt es immer so schön: Die ersten drei Minuten sind entscheidend, ob man sich gut findet, oder eben nicht. Doch auch nach inzwischen gefühlten 345.653 Millionen Sekun-den, sorry in Mathe war ich noch nie gut, hatte sich bei mir nichts verändert. Den einzigen Vorteil, den dieses Treffen hatte, war, dass ich inzwischen wirklich hundemüde war und nur noch in mein Bett wollte – und zwar allein!

Ich: *„Sorry, sei mir nicht bös, aber ich bin echt müde, muss in 'nen paar Stunden schon wieder raus. Wenn es dich nicht stört, ich geh mal schlafen. Aber cool, dass du da warst!"*

Dobias: *„Wie jezz, du willst, dass ich geeeh, ich bin doch grrad ersscht gekumme, wir sin' doch erscht beim Kennenlerna?"* Falsch gedacht, schoss es mir durch den Kopf, aber das konnte ich jetzt unmöglich sagen. Daher: *„Ich find's ja auch schade, aber ich muss echt mal langsam schlafen gehen."*

Tobias: *„Un' wenn wir noch an Film schaun und du dann einfaaach schon ma' schläfst?"*

(Hatte ich mich verhört?) An sich eine schöne Idee, gemütlich chillen, wenn's denn mein Freund wär', aber doch nicht mit ihm. Wie lange kannten wir uns? 'Ne Stunde – wenn man aufrundet.

Es war ja das eine, mir einen Spontanbesuch abzustatten, aber es war nochmal was völlig anderes, neben einem wildfremden Kerl einzuschlafen ... Am Ende raubte der mich noch aus, Heimat hin oder her! Ich musste schleunigst dafür sorgen, dass der ging. Also musste wohl oder übel 'ne Notlüge her:

„Pass auf, ich melde mich, wenn ich wieder in der Heimat bin, dann können wir uns gern noch mal treffen, was meinste?"

War zwar besonders fies, weil ich ganz genau wusste, dass es kein zweites Treffen geben würde, aber wie heißt es immer so schön: *„Extremsituationen erfordern Extremmaßnahmen."*

Zu meinem Glück willigte er schnell ein und verließ unsere WG. Kaum war Tobi aus der (D)-Tür, fiel ich sofort in mein Bett und schlief auf der Stelle ein.
Immerhin hatte ich jetzt noch 2,5 Stunden Zeit, bis der Wecker klingelte und die brauchte ich dringend!

Neue Stadt, neues Glück? ✿

Eigentlich hatte ich ja gesagt, das mit dem Onlinedating wäre erst mal nichts für mich, Schluss mit der virtuellen Suche. Das hatte ja wieder richtig gut geklappt mit mir und meinen tollen Vorsätzen. Alle Achtung! Da habe ich mal wieder Durchhaltevermögen bewiesen. Wie lange genau? Okay, lassen wir das lieber. Und so traf ich Sven.

Mit Sven schrieb ich schon eine Weile, wobei ich erwähnen sollte, dass er mich nach kürzestem Hin- und Herschreiben gleich schon mal fragte, ob ich nicht mal bei ihm vorbeikommen wolle. Bei ihm zu Hause! Dank dieser tollen App, die genau ermittelt, in welcher Entfernung man sich voneinander befindet, war dies nun auch kein Geheimnis mehr: Gerade mal 450 m trennten uns voneinander. Hm, irgendwie ganz interessant, andererseits auch ein bisschen spooky. Ehrlich gesagt, ich klingele doch auch nicht vier Häuser weiter in der Hoffnung, dass mir ein Mann die Tür öffnet. Er war der Meinung, da wir doch so in der Nähe wohnen würden, wäre das doch eigentlich das Naheliegendste und Bequemste. Sorry, aber wenn ich einen nicht kenne, werde ich den nicht einfach mal so bei sich zu Hause besuchen gehen. Das fühlt sich echt komisch an.

Jedenfalls ignorierte ich seine Einladung fürs erste. Man darf nicht vergessen – ich musste es ja eigentlich ganz besonders gut wissen –, da waren im Internet auch gerne mal ziemlich schräge Vögel auf solchen Plattformen unterwegs. Inzwischen waren schon mehrere Wochen vergangen und wir schrieben immer noch miteinander, hatte sich so ergeben. Es war auch fast schon vergessen, dass er mich mal so schnell gefragt hatte, ob ich nicht Lust auf 'ne (Nummer) bei ihm hätte. Gut, das hatte er zwar nicht direkt gesagt, aber hey, das konnte ich mir gerade noch so denken.

Nach einem Monat Schreibkommunikation war ich dann doch neugierig und wollte Sven kennenlernen. Und was soll ich sagen, kennst du das auch? Du triffst dich, sagen wir so ein, zwei Mal mit 'nem Kerl und beim dritten Treffen ist diese Person auf einmal deutlich attraktiver geworden. Naja, jedenfalls kenne ich das. Es ist nämlich so, finde ich den Kerl toll und wir haben uns ein paar Mal getroffen, dann bin ich hin und weg. In dem Punkt geht es zwar rein um das Äußere, aber verstärkt durch seine Art und was er so über sich erzählt, macht das für mich die besondere Mischung aus. Dann wird schon mal aus *„Naja, ist ganz nett, aber der Gesprächs-stoff geht uns schon nach kürzester Zeit aus, dann lassen wir's mal lieber"* ein *„Mega-spannend und möchte ich unbedingt weiterhin kennenlernen"*. Genauso kann jedoch aus einem hübschen Kerl mal ganz schnell ein eher unscheinbarer, zwar immer noch attraktiver, aber eben auch sehr langweiliger Zeitgenosse werden.

Jedenfalls war ich schon sehr gespannt, wie es so mit Sven laufen würde. Ich muss gestehen, bei unserem ersten Treffen – ich wäre fast nicht in den Pub gegangen – war ich alles andere als begeistert. Okay, er war ungefähr meine Größe (hieß schon mal, hohe Schuhe konnte ich vergessen), eine leichte Rundglatze zeichnete sich ab – wie ihr schon wisst, mag ich dann eben doch ganz gern Haare. Ansonsten, toller Körper, blaue Augen und ein sympathisches Gesicht. Gut, zugegeben, klingt vielleicht ein bisschen wie eine imagi-näre Liste, die noch schnell durchgegangen wird, aber machen wir das nicht alle so? Vor allem bei solchen Treffen, bei denen man sich zuvor noch nie gesehen hat und nur Fotos aus dem Internet kennt. Da ist es doch nur normal, erst mal einen Realitätscheck vorzunehmen. Machen Männer doch auch nicht anders. Außerdem sind in den ersten Sekunden des Treffens sicher nicht die inneren Werte entscheidend. Ich weiß, ich kann manchmal ganz schön oberflächlich klingen, aber hey, die Optik gehört nun mal auch dazu – zum Gesamtpaket. Wenn die schon mal nicht stimmt, dann wird's mit Sicherheit nicht leichter.

Was soll ich sagen, wir hatten einen sehr netten Abend im Pub. Dennoch war das dann so ein Mann Kategorie: *„könnte was werden, wurde es dann aber nicht."* Wir verabredeten uns zwar noch mal und lernten uns ein bisschen besser kennen. Bei unserem dritten Treffen lud er mich zum Essen ein. Irgendwie hatten wir dann auch was zu bereden, aber ich hatte das Gefühl, dass mir ein Versicherungsvertreter gegenübersaß. Mit Flirten hatte das hier nichts zu tun. Vielmehr hatte ich das Gefühl, dass er jeden Moment seinen Aktenkoffer öffnen würde und ich irgendwelche Formulare unterschreiben müsste.

Von einem verdächtigem Kribbeln in der Magengegend keine Spur. Sven war nicht so der Typ Mann, den ich gern mal küssen oder mit dem ich gar noch ein paar andere Sachen anstellen wollte.

Nachdem wir uns verabschiedet hatten, dachte ich mir: schon nett, aber mehr dann auch nicht. Und so war es dann auch nicht weiter verwunderlich, dass das Schreiben allmählich einschlief. Verglichen mit den letzten Wochen, in denen wir uns fast täglich geschrieben hatten, war das schon auffällig und blieb auch nicht lange unbemerkt. Als es mal zwei Tage nichts zu schreiben gab, fragte er mich, ob denn irgendwas los sei und ganz direkt, ob ich kein Interesse mehr an ihm hätte. Mist erwischt!

Ich war nach unserem letzten *„Versicherungsgespräch"*-Date wohl nicht mehr ganz so ausführlich mit dem Schreiben wie zuvor. Damit er bloß keine weiteren Fragen stellte und ich nicht doch noch die Wahrheit sagen müsste, schrieb ich ihm, dass alles gut sei und ich einfach nur viel zu tun hätte. Immerhin standen bei mir bald wieder Prüfungen an und es schien ganz so, als könnte ich die nächsten drei Jahre immer gut mit Lernen beschäftigt sein.

Daraufhin fragte er mich, ob wir uns denn nicht bald mal wieder sehen wollten und worauf ich Lust hätte. Ja, er machte sich richtig Gedanken und ich genoss seine Bemühungen. Das hatte ich schon wirklich lange nicht mehr erlebt. War ich allerdings ehrlich zu mir selbst, hätte ich eigentlich schreiben sollen, dass ich ihn zwar echt super nett fand, wir uns aber nicht mehr treffen sollten. Das machte einfach keinen Sinn und war für uns beide somit nur Zeitverschwendung. Doch ich wollte ihn eben auch nicht verletzen. Stattdessen ließ ich mich mal wieder bequatschen. 💩

So weit war es schon gekommen, nicht mal per Messenger konnte ich inzwischen ein einfaches und klares *„Nein!"* tippen. Wollen wir uns treffen? *„Nein!"* So einfach in der Theorie, für mich anscheinend völlig undenkbar. Es könnten ja unangenehme Fragen folgen ... oder, oder, oder.

So weit, so gut.

Also eigentlich war nix gut, aber das hatte ich mir mal wieder

selbst eingebrockt. Und so schrieben wir natürlich weiter. Dann kam das Wochenende: Ich war gerade noch unterwegs, was mit meinen Mädels trinken, und je mehr der Alkoholpegel stieg, desto mehr schrieb ich mit Sven. Danach gemütlich Kochen mit ein paar aus meiner Klasse und hinterher schauten wir noch einen Film. Und was machte ich?
Nur weil ich den Film doof fand, schrieb ich aus purer Langeweile mit Mr. Sven, besser gesagt, ich schrieb ununterbrochen mit Sven und ganz nüchtern war ich inzwischen auch nicht mehr.

Dank meines Alkoholpegels ging's mit dem Schreiben inzwischen besonders locker – ich beendete unsere Datingzeit.

Bye, Bye Onlinedating

Zugegebenermaßen war ich nach Sven schon ein bisschen geknickt. Und irgendwie ergab es sich so, vielleicht aus Langeweile, jedenfalls erwischte ich mich dabei, wie ich mit Marius35 und Tony schrieb. Sie sahen beide echt gut aus und machten einen netten Eindruck.

Also schrieb ich mal ein bisschen mit Marius. Was ich bis jetzt von ihm wusste, kam er aus Hamburg und war Fitnesstrainer. Und im nächsten Moment poppte auch schon eine Nachricht von ihm auf: *„Was machste dehn so beruflich und was so ihn die Freizeid?"*

Oh wow, gleich mal vier Rechtschreibfehler in nur einer Nachricht, das musste man auch erst mal schaffen.
Puh, trainieren konnte der wahrscheinlich, aber schriftlich war das Ganze mehr als schwierig. Oder hatte ich einfach zu hohe Ansprüche? Es ist schon nett, wenn sich einer verständlich ausdrücken kann und man nicht das Gefühl haben muss, dass man ihn erst noch zum Kurs für Analphabeten schicken muss, bevor man überhaupt miteinander kommunizieren kann.

Zuerst war ich noch fieberhaft am Überlegen, was ich Marius antworten könnte. Der Grund war nicht, dass ich nichts wusste, was ich ihm schreiben konnte, sondern eher, dass ich nicht wusste, wo genau ich anfangen sollte zu erzählen. Schließlich habe ich so viele Interessen: Männer zum Beispiel, über die kann man so wunderbar schreiben.

Auf einmal hatte ich keine Lust mehr auf das unpersönliche

Blabla und fasste einen Entschluss: Ich drückte auf den „delete"-Button und löschte damit die Dating-App.

Ich sagte Bye, Bye zu allen weiteren potentiellen Fitnesstrainern, Möchtegern-DJs und Ingenieuren, die da sonst noch so unterwegs waren, und war mit einem Klick frei!

Es war unglaublich: Augenblicklich stellte sich mit dieser Entscheidung ein Gefühl von Freiheit ein. Das war die beste Entscheidung seit Langem. Ich merkte, wie sehr es mich erleichterte, mir mal keine bekloppte Antwort ausdenken zu müssen.

Mein Leben fand nun viel mehr im echten Leben, mit echten Menschen und echten Unternehmungen statt, da hatte ich auch gar keine Zeit, mir noch sinnlos irgendwas auszudenken – in der Hoffnung, dass auch endlich mal ein toller Mann für mich dabei sein würde. Ja, ich weiß, es gab zwar Freunde, die sich online vor sieben Jahren kennengelernt hatten und letzte Woche ihr zweites Kind bekamen, aber ich war in einer völlig anderen Situation und online war gerade einfach nicht mein Ding. Es war sicher nicht verkehrt, mal ein bisschen weniger nach links und rechts zu wischen.

Nägel mit Köpfen, oder?
Aus der Absage ans Online-Dating wurde das Projekt: „No Date"-Challenge, „Männer Detox" sozusagen.

Sollte mir in nächster Zeit doch mal ein toller Kerl über den Weg laufen, dann musste der sich wohl erst 'ne Weile gedulden.

Früher, so mit 18, da war ich noch nicht so verzweifelt auf

der Suche nach einem Mann, der meine Freude und –
auch wenn ich mir das natürlich nicht eingestehen wollte –
irgendwie auch mein ganzes Lebensglück bedeutete.
Klingt ein bisschen verzweifelt? Hm, vielleicht ein bisschen.

Natürlich hatte ich immer auch viele andere Interessen.
Aber jetzt mal im Ernst, manchmal sind wir einfach so
verbissen auf der Suche nach ’nem tollen Kerl, dass wir
währenddessen dabei sind, etwas ganz anderes Wertvolles zu
verpassen, nämlich unser eigenes wunderbares Leben. Und
deshalb beschloss ich, ist jetzt Schluss mit der Suche nach
„irgendwem“. Ab jetzt steh *„Ich“* mal zur Abwechslung an
erster Stelle. Ganz einfach – zumindest war das der Vorsatz.

Carl oder so

Ich wollte es mit den Männern in Zukunft mal ein bisschen langsamer angehen lassen und hatte vorsichtshalber gleich mal die App gelöscht. So hatte ich erst mal auch keine weitere Möglichkeit zu einem virtuellen Flirt.

Dann war auch schon Freitag und ich auf dem Weg zu einem Neu-in-Stammtisch.

Bei einem „Neu-in-Stammtisch" handelt es sich um einen Treffpunkt für Menschen, die neu in die Stadt gezogen sind und Lust auf neue Leute und vielleicht auch den einen oder anderen Flirt haben.

Durch meine vielen Umzüge hatte ich auch schon den einen oder anderen Stammtisch miterlebt. Und kürzlich war eine Freundin zu Besuch gewesen, die meinte: „Hey Conny, deine ‚No Date'- Männersuche finde ich ja ganz gut, aber ein paar neue Leute kennzulernen könnte dir doch nicht schaden. Was hast du denn schon zu verlieren?"

Im nächsten Moment war ich bei der „Neu-in-Community" angemeldet und 5 Minuten später zählte ich auch schon als Mitglied zu einer Gruppe von Leuten, die anscheinend alle auch „neu in" waren. Ich hatte jetzt zwar nicht übertrieben große Lust, aber die Gesellschaft mit ein paar neuen Leuten in einer netten Bar erschien mir dann doch reizvoller, als es mir mal wieder mit einem Film, Tee und Schokolade im Bett gemütlich zu machen. Also Schluss jetzt, raus aus dem Bett und ab Richtung City!

Und dann traf ich Carl oder so ähnlich:

Ich hatte inzwischen schon eine ganze Weile diese eine Sache verfolgt, die da hieß: keine Männer daten. Anfangs war ich davon echt begeistert und dachte so an ein halbes Jahr mit dieser „No Date"-Sache. Wenn mir das gefallen sollte, dann könnte ich es ja immer noch beliebig verlängern. Jetzt nicht gerade, bis ich 50 wäre, aber so ein oder zwei Jahre, warum denn nicht? Am Ende würde ich noch richtig Gefallen daran finden ...

Was mache ich mir da vor? Schließlich flirte ich dafür einfach viel zu gern und finde Männer viel zu spannend. Es mag sich vielleicht für den einen oder anderen befremdlich anhören, wenn ich das so sage. Klingt fast schon wie bei einem Junkie, der auf Entzug gesetzt ist.

Auch wenn ich zu diesem Zeitpunkt überhaupt nicht sagen konnte, warum ich irgendwie immer 'nen Typen brauchte, oder wenigstens einen, mit dem ich am Schreiben war –war das wirklich ein Weg, um herauszufinden, was ich vom Leben wollte?

Lenkte ich mich nicht die meiste Zeit einfach nur immer mit den Typen ab, um mich eben nicht mit mir und meinem Weg – mit dem, was ich als Conny brauche und möchte – auseinandersetzen zu müssen?

In der ersten Zeit konnte ich keine Veränderung feststellen. Männer fand ich nach wie vor attraktiv und spannender denn je. Und dann kam – wie hieß er gleich? – Carl um die Ecke.

Ich saß an diesem Abend eher gelangweilt zwischen schweigenden, neuen Bekanntschaften, hatte mich gerade mit Norbert über sein *„Hobby"* unterhalten: Kryptowährungen ... und furchtbar reich konnte man damit werden. Er riet mir dringend dazu, das auch anzufangen. Da ich an Zahlen und Umrechnungskursen noch nie so den Riesenspaß gefunden hatte, war das sicher nix für mich, wie ich ihm sagte ... Es langt mir schon immer, wenn ich in Thailand mal wieder verzweifelt am Überlegen bin, ob jetzt 250 Baht doch zu teuer für das coole, bunte Strandtuch sind.

Jetzt wollte ich gerade gehen, stand auf, nahm meine Jacke – zumindest war das mein Plan –, aber weit kam ich nicht. Jemand versperrte mir den Weg, er lächelte so ein verschmitztes, freches Lächeln. Das klingt jetzt vielleicht ein bisschen merkwürdig, fehlt nur noch, dass ich *„frech"* oder *„keck"* sage. *„Frech"* und *„keck"* waren die Äußerungen meiner Friseurin zu meiner Haarfrisur – damals mit 13: *„Ach ein richtig frecher Schnitt, steht dir gut, so richtig keck."* Genau daher kannte ich das.

Ich merkte jedenfalls, wie sich schlagartig meine Stimmung änderte. Von gelangweilten 10% auf 100% volle Aufmerksamkeit schaffte es dieser freche Zeitgenosse und dabei kannte ich bis jetzt nur sein Lächeln. Solche Arten von Gefühlsausbrüchen mögen ein bisschen übertrieben sein, etwas vielleicht, aber hey ist doch auch egal. Was ist schon schlecht an der Anziehung zwischen Mann und Frau? Ganz im Gegenteil, Flirten ist doch super gesund und macht auch echt Spaß. 🖤💜

„Hey, ich bin Carl und du bist wohl neu hier?" Schön, also reden konnte Carl schon mal. Im nächsten Augenblick saß er

auch schon neben mir. Und dann – wenn du am wenigsten damit rechnest, dann läuft's.

Es war echt nett mit Carl und ich war froh, dass ich mich gegen mein Bett und dafür, mal wieder rauszugehen und neue Leute zu treffen, entschieden hatte.

Wir unterhielten uns über unsere Lieblingsreiseländer und über die besten Burgerläden der Stadt. Carl war schon mal sehr nach meinem Geschmack, und der Mann mochte Fleisch, das gefiel mir.

Ein bisschen Rohkost ist ja schön und gut, aber ein Mann, der mir permanent nur was über seine tägliche Kalorienzufuhr und geschnibbelten Kohlrabi erzählt, ist mir auf Dauer doch ein bisschen zu fad.

Ganz anders war das hier mit Carl, mit ihm verflog die Zeit regelrecht. Er sagte mir direkt, wie attraktiv und heiß er mich fände. Ich muss zugeben, dass mir diese direkte Art durchaus gefiel. Flirten konnte er ohne Zweifel, er verstand es, dass sich eine Frau in seiner Gegenwart gleich so richtig gut fühlte. Wie lange kannten wir uns? Ach richtig, seit ein paar Stunden. Bei der Verabschiedung zögerte er nicht lange und fragte mich nach einem Date. Gern würde er mich bald wiedersehen.

Hm, wie war das noch schnell mit meiner „No Date"-Sache? Wäre dann ja irgendwie schon ein Date, wenn ich da jetzt zusagte, oder? Vielleicht einfach nur so als ein neuer Bekannter in einer neuen Stadt? Dann ginge das doch schon, oder?

Okay, verstanden, wem versuchte ich da etwas vorzumachen?

Genau, es wäre nicht nur ein Burger-Vergleich, sondern ein Date.

Gerade war ich bei mir zu Hause angekommen, da summte auch schon mein Handy. Es war Carl, er freue sich auf unser Burgeressen. Ich konnte mal wieder nicht *„Nein!"* sagen.

Gut, aber dann eben noch Carl, mal sehen, wie es lief, und falls sich das doch wieder als ein Nichts erweisen sollte, konnte ich ja ohne Probleme danach mit dem „Männer Detox" weitermachen. Ein Date, das war doch nichts?!

So schrieben wir die Woche über. Doch dann kam es, wer hätte es geglaubt, mal wieder ganz anders, als gedacht.

Man informiert sich immer ein bisschen über die zu datende Person, falls man den Namen weiß, und siehe da: Herauskam, dass er allem Anschein nach nicht so ganz frei war! Sein Status ließ keinen Zweifel daran: denn da stand *„in einer Beziehung"*. Na toll, er hatte also eine Freundin. Nun hatte ich zwei Möglichkeiten, entweder sprach ich es direkt an, oder ich wartete einfach ab, bis er es mir dann vielleicht beim Burgeressen erzählen wollte.

Ich entschied mich dafür, ihn direkt zu fragen: „Sag mal hast du eine Freundin?"

Carl: *„Ja, aber was tut's zur Sache?"*

Und so berichtete er mir von seiner offenen Beziehung, in der er gerade deshalb frei und ungebunden sei, weil sie beiden sich sexuelle Abenteuer mit anderen erlaubten. Besser gesagt, als sie zusammen kamen, war das die Bedingung, dass er auch andere Frauen und sie auch andere Männer haben dürfte.

Es klang aber sehr danach, als sei das hauptsächlich seine Vorliebe und sie toleriere es eben, um ihn nicht zu verlieren. Mich auf einen Mann, der in einer Beziehung ist, einzulassen, war so gar nicht mein Ding und vor allem tat mir seine Freundin ziemlich leid. In deren Haut wollte ich wirklich nicht stecken.

Was soll ich sagen: Es gab dann kein Burgeressen und das war mal wieder besser so.

Meine Affentheorie

Wenn einem so richtig langweilig ist und man keine Ahnung hat, was man mit seiner Zeit Sinnvolles anfangen könnte, dann ist man meist sehr bedürftig. Klingt logisch, oder? Wenn man dann, mal wieder, wo auch immer – beim Weggehen, im Park oder auch beim Onlinedating – einen Mann kennenlernt, dann ist es fast egal, wer das ist. Für mich ist das vergleichbar mit einem Gorillamännchen – nur dass dieses nicht dasitzt und trommelt, sondern fleißig Nachrichten tippt. Hauptsache, es tippt einer und man hat jemanden, mit dem man schreiben kann, um sich von der eigenen Langeweile abzulenken. Am besten hat der Gorillamann noch ein nettes Profilbild und schon ist es vorbei mit der Selbstbeherrschung.

Mal ganz im Ernst: Wir sind echt alles primitive Affen, wenn es um so etwas geht. Schon mal dran gedacht, dass das auch einfach nur ein Fake-Foto sein könnte?

Richtig aggressiv macht mich das! Aber am meisten sauer bin ich dabei in erster Linie auf mich selbst – einfach zu blöd die Frau, wenn sie auch noch darauf reinfällt ...

Soviel zu meiner Affentheorie.

Also, wenn du das nächste Mal kurz davor bist, mal wieder einem potentiellen Affen zu schreiben, obwohl du weißt, so richtig toll ist der dann auch nicht, dann denk vielleicht noch mal 'ne Sekunde länger an meine Affentheorie und iss lieber ein Eis oder schau deinen Lieblingsfilm, mach Yoga oder mal ein Bild.

Alternativen zum langweiligen Affen gibt es meist genügend, es liegt nur an dir.

Und falls doch mal 2-3 Affen dein Interesse finden, dann ist das auch nicht weiter tragisch, bestrafe dich nicht selbst dafür, sondern lebe einfach weiter – denn eines ist sicher, der nächste Affe wartet schon.

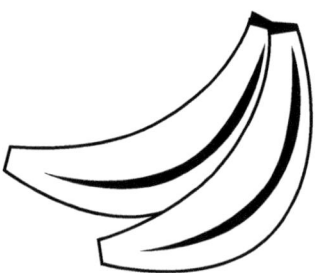

Der Traumtyp

Ich kann mich noch gut daran erinnern, wie mir meine Freundin Anna erzählte, wie krass sie in ihre Affäre verliebt sei, das Problem sei nur, dass der Mann verheiratet ist. Auf die Frage: *„Wie lange die Sache denn schon ging"*, antwortete sie nach anfänglichem Zögern: „Naja, so über 10 Jahre."

Zu diesem Zeitpunkt konnte ich das überhaupt nicht verstehen, wie man einfach so dumm sein und seine Zeit mit einem verschwenden konnte, der kein ernsthaftes Interesse an einem zeigte.

Zehn Jahre waren in meinen Augen lange genug Zeit, um, zu klären, ob das noch was wurde, oder eben nicht. Und wenn nicht – dann die Konsequenz ziehen und es beenden, Punkt! Da muss man dann einfach durch.

Ein paar Monate okay, aber zehn Jahre? So dachte ich lange Zeit über das Thema unklare Affären!

Mit Anfang 20 hätte ich das nie verstanden und auch nicht für möglich gehalten, ausgeschlossen, … aber dann passierte mir auch so eine Sache. Gut, es waren zwar keine zehn Jahre, aber ein bisschen mehr als ein paar Monate wurden es dann doch.

Ich wollte es mir am Anfang natürlich nicht eingestehen, jedoch steuerte ich auf eine ganz ähnliche Geschichte zu, Ausgang ungewiss. Ratschläge von Freundinnen hörte ich mir zwar an, ignorierte diese allerdings. Bei mir war das was anderes. Viel intensiver! Die wussten doch gar nicht, wie sich das anfühlte. Wenn man so einen Mann traf, dann veränderte das eben alles.

Ich fand den Typen super und der würde nur etwas länger brauchen, um zu merken, wie toll wir zusammenpassten.

Und das Fiese ist, solche Sachen beginnen immer entspannt und natürlich völlig ohne Verpflichtungen. Alles super easy und ist ja nur ein bisschen Spaß. Anfangs kann das richtig lustig und vor allem ungeheuer aufregend sein, aber wenn man sich mal 'ne Weile getroffen hat, dann entstehen eben doch Gefühle. Darauf haben wir meist gar keinen Einfluss. Unser Körper, besser gesagt, unsere fiesen Hormone spielen dabei auch noch eine nicht ganz unbedeutende Rolle. Wenn unsere Hormone nämlich schon mal in Kontakt mit dem männlichen Exemplar gekommen sind, dann merken die sich das – leider!

Und immer dann, wenn wir danach in körperlichen Nahkontakt mit demjenigen kommen, schüttet der Körper sogenannte Bindungshormone aus.

Wer's noch ein wenig fachspezifischer mag: sogenannte „Oxytocine". Das berühmte Kuschelhormon.

Heißt im Klartext, der Körper hat das Gefühl, dorthin zu wollen. Was dein Kopf in diesem Moment sagt, ist dem scheißegal. Das interessiert ihn nicht die Bohne. Allein schon das Gefühl der Nähe ist verdammt schön und das möchte der Körper natürlich möglichst oft haben.

Irgendwann ist es dann wie eine Art Droge, man wird süchtig danach. Dass die Sehnsucht ziemlich einseitig ist und Mr. X das Ganze in der Form gar nicht erwidert, blendet man gern aus. Ich würde nicht darüber schreiben, wenn es nicht mir selbst und vielen meiner Freundinnen und Bekannten auch schon so ergangen wäre.

Der Ratschlag, das Ganze einfach zu beenden, weil es sonst nur schlimmer wird, der eigentlich der einzig richtige ist, um dem eigenen Gefühlschaos ein Ende zu bereiten, ist dabei meist keine Option. Denn entscheidet man sich für einen Schlussstrich mit besagter Person, hat das meist keine schönen Gefühle zur Folge.
Ganz im Gegenteil: Es ist, als ob man dem Junkie die Nadel wegnimmt.

Lange Zeit wollte ich das nicht wahrhaben.

So Sprüche wie: *„Wenn du es ihm wert bist, dann wird er sich um dich bemühen"* oder *„Wenn ein Mann wirklich will, dann setzt er alles in seiner Macht Stehende in Bewegung"*, wollte ich schon gar nicht hören. Bla, bla, bla ...

Insgeheim kennen wir selbst schon längst die Antwort auf die Frage, die wir uns lange Zeit, vielleicht auch nur unterbewusst, immer wieder und wieder stellen. Doch wir wollen sie einfach nicht wahrhaben.

Wenn derjenige, auf den du dich einlässt, auch noch ziemlich genau weiß, wie er dich verrückt nach ihm machen kann, er dazu noch unverschämt gut aussieht und der eher lässige Typ ist – der nicht auf Abruf oder immer verfügbar ist, für den ein Date noch lange nicht Date bedeutet, der bei dem geplante Treffen auch schon mal gern in letzter Minute absagt – , dann gibt es mehr als genug Gründe, um zu sagen:

*„Nee, sorry, aber bei deinem Ding da mache ich nicht mit,
ich lasse mich doch nicht bestellen, wie's dir passt!"*

So dachte ich auch mal, und hätte es nie für möglich
gehalten, dass ich jemals auf der Ebene, auf der Stolz ein
Fremdwort ist, landen würde, doch ich wurde eines
Besseren belehrt.

Rückblickend muss ich sagen, fand ich's auch gar nicht
schlimm. Die meiste Zeit war ich sowieso total verknallt und
habe die Realität, dass es eine absolut einseitige Sache war,
gut weggesteckt. Ich hatte mich zuvor schon öfters gefragt,
wo mein Traumtyp bleibt, oder mir die Zähne an jemandem,
der mich interessierte, ausgebissen. Normal war es für mich
auch, für jemanden zu schwärmen oder mit jemandem etwas
zu haben und dann zu merken: nein, ist irgendwie nichts.
Doch so einer, bei dem das alles 'nen bisschen länger ging,
und ich es nicht wahrhaben wollte, dass es nichts für länger
ist, das hatte ich bis dahin noch nicht erlebt. Jetzt kann ich
auch endlich mitreden.

Die Jahre über, in denen diese Sache lief, hatten alle anderen
Typen sowieso keine Chance. Bis ich mir das eingestehen
konnte, dauerte es allerdings auch eine ganze Weile. Am Anfang fand ich's super spannend und mega-aufregend, wenn
mal wieder ein Date mit Mr. X anstand.

Genauso wie ein großer Eisbecher bei Kindern Begeister-
ungsstürme auslöst, verhält es sich mit unerreichbaren
Männern. Also, was will Frau mehr? Kaum bekam man
eine Nachricht von einem gewissen Herrn – in meinem Fall:
eine Message von ihm – schlich sich ein verdächtiges Grinsen
in mein Gesicht.

Das ist oftmals ein Problem: Man kann sich ja was Schönes überlegen oder vorstellen, das ist völlig legitim und beflügelt die Fantasie, aber nach einer gewissen Zeit ist dann doch mal ein kleiner Realitätscheck und eine nüchterne Betrachtungsweise angebracht. Das ist allerdings schwer, wenn man völlig verstrahlt ist, oder einfach nicht so richtig wahrhaben will, dass sich der Typ vielleicht doch nicht so sehr für einen interessiert, wie man das gerne hätte.

Gefühle lassen sich nun mal nicht erzwingen, auch wenn wir uns das in manchen Situationen noch so sehr wünschen würden.

Aber hey, ich möchte die Zeit und vor allem unsere leidenschaftlichen Momente und das Kribbeln, das ich bei ihm hatte, nicht missen, dafür war es einfach viel zu gut.

Kleines Männer-A B C

Puh, wie viele Männer waren es aktuell? Also, da würde mir gleich noch jemand einfallen – mal wieder so ein schlecht definierbares Exemplar. Wir sehen uns schon ab und zu, und an manchen Tagen ist es ihm auch besonders wichtig, zu telefonieren. Manchmal gerne in sehr betrunkenem Zustand, nachts um 3, aber auch, wenn er von einem Business Trip mega-erschöpft vom Tag im Hotelzimmer sitzt und sich ausheult, weil er mal wieder so allein ist.

Dann gab's da auf jeden Fall noch einen zweiten, nennen wir ihn der Einfachheit halber einfach Typ B, mit einer kleinen Besonderheit: Er hat nämlich schon eine Tochter, die Frau dazu gibt es nicht mehr. Sie ist jetzt nicht tot, aber sie sind eben nicht mehr zusammen, so etwas soll vorkommen. Über ihn gibt's schon ein fertiges Kapitel. Wer zu neugierig ist, kann auch schon gleich mal zum Kapitel Andy vorblättern.

Okay, das waren dann aber wirklich alle, oder? So wirklich alle? Hm, gut: Felix, aber ich bin gerade dabei, mich von ihm zu lösen, diesmal aber so richtig! Manchmal schreiben wir uns zwar noch oder machen ein unverbindliches Treffen aus ... Okay erwischt, wenn ich genau überlege, hatten wir letzte Woche Kontakt ... Zählt das? Wahrscheinlich schon. Okay, dann gibt's eben auch noch ihn. Das wären dann aber auch wirklich alle. Also aktuell A, B und C.

Da blickt doch keiner mehr durch. Klingt eher nach Kandidaten für 'ne Spielshow. Das hat doch nichts mit einem Mann für eine ernsthafte Partnerschaft zu tun?

Die wollte ich doch eigentlich immer so sehr, oder?
Was war denn da nur das Problem! Und vor allem, wann
genau hat es damit angefangen? Früher war es doch auch
nicht so, da hatte ich doch einen Freund. Punkt.
Hm, gute Frage!

Typ B oder einfach Andy ♥

Wie bereits angekündigt, hier kommt also Andy.
(Mann, man, so langsam gehen mir die Namen aus)

Es ist schon eine Weile her. Wenn ich mal genau
überlege, sind es schon mehr als 10 Jahre.

‚Die Eine' von „Die Firma" dröhnte aus den Boxen.
In diesem Moment sah ich ihn zum ersten Mal.

Er, das war ein großer Kerl, wahnsinnig gut aussehend, mit
dunklen Haaren und einem ziemlich breiten Grinsen. Ich
konnte gar nicht anders, als schüchtern sein Lächeln zu
erwidern. Vorsichtshalber drehte ich mich noch mal um,
bestimmt stand hinter mir eine tolle Frau, der sein Lächeln
ursprünglich galt.

Doch da gab es niemanden hinter mir, außer einem Typen
mit breiten Baggyhosen – und den meinte er dann
wahrscheinlich doch nicht mit seinem Grinsen.

Wie ich mich wieder, grazil wie ich war, zu meinen
Freundinnen umdrehte, stieß ich fast mit jemandem
zusammen. Da stand er auf einmal direkt vor mir.

Als sei es das Normalste der Welt, nahm er meine Hand
und zog mich an sich. Jetzt waren es wirklich nur noch
wenige Zentimeter, die sich zwischen uns befanden, ein
echt gutes Gefühl.

Wir tanzten, besser gesagt, wir bewegten uns noch eine Weile.

Wobei es sowieso keine Rolle spielte, denn wen interessierte bei diesem Mann schon die Musik?!

Besonders gut aussehender Mann (da ich leider seinen Namen noch nicht kannte): *„Na, bist du öfters hier?"*

Ich: *„Ja, schon mal ab und zu,*
(Mann, war ich aufgeregt!) *und selbst?"*

Besonders gut aussehender Mann: *„Ich bin heute zum ersten Mal hier, ich komme nicht von hier."*

War ja wieder klar, dass der nicht von hier kam, so groß war unsere Stadt dann auch nicht.

Ich befürchtete schon, dass er wahrscheinlich aus München oder Berlin kam, was nicht gerade um die Ecke lag – zu schade aber auch!

Besonders gut aussehender Mann:
„Also, ich komme aus Würzburg."

Würzburg, okay, das war gar nicht so weit weg.
Gerade mal 'ne halbe Stunde mit dem Auto, das ging klar.

Besonders gut aussehender Mann: *„Und was machst du so?"*

Ich: *„Ich hab' gerade mein Abi gemacht und jetzt schau ich erst mal, ich gebe mir noch ein paar Wochen, bis ich anfange, mir ernsthaft Gedanken zu machen."*

Meine Pläne mit Australien, immerhin sollte es in nur wenigen Monaten losgehen, behielt ich erst mal für mich.

Wer wusste schon, ob wir uns überhaupt wiedersahen, da musste man jetzt nicht gleich alles erzählen.

Was soll ich sagen, es war wirklich noch ein toller Abend. Wir unterhielten uns noch eine ganze Weile und tauschten Nummern aus, danach ging ich wieder zurück zu meinen Mädels.

Wirklich ein sehr netter, ultra-gut aussehender Kerl. Ich verstand immer noch null, warum ausgerechnet ein so hübscher Mann überhaupt Interesse daran hatte, mich zu treffen. So etwas wie Selbstvertrauen war für mich zu diesem Zeitpunkt wohl auch eher der Name einer fremden Stadt.

So war die Freude umso größer, als ich wenige Tage später tatsächlich eine Nachricht von Andy erhielt. Ob ich Lust hätte, mal was mit ihm Essen zu gehen? Die Idee fand ich richtig super. Was ein toller Mann und dann wollte er auch noch mit MIR Essen gehen.

Essen gehen für ein erstes Date war mir zwar neu, denn meist traf ich mich mit den Jungs damals eher im Pub auf ein Bier oder man ging ins Kino. Essen gehen, das kannte ich eher von Familienfeiern.

Wir sprechen von einer Zeit, in der es noch kein Messenger gab. Kaum vorstellbar, aber vor gut 10 Jahren war so etwas noch undenkbar. Naja, man konnte zwar schon ganz old school 'ne SMS schicken, das ging sogar mit unseren Nokia Handys, aber so richtig mit Fotos posten und vor allem sehen, wann jemand zuletzt online war oder was für ein Foto er von sich als Profilbild hatte, das war damals noch nicht möglich. No chance. Da musste ich mich, ob ich nun wollte oder nicht, einfach gedulden und warten, ob eine Nachricht von Mr. X kam.

Vor unserem Treffen war ich so was von nervös und wusste mal wieder überhaupt nicht, was ich anziehen sollte.

Ich kam mal lieber ein paar Minuten eher, dann konnte ich noch ein bisschen auf- und ablaufen, um mich von meiner Nervosität abzulenken. Ein fünftes Mal konnte ich jetzt auch schlecht auf die Toilette beim Bäcker gehen, inzwischen schaute die Bäckereifachverkäuferin auch nicht mehr ganz so freundlich, sondern fragte mich, ob ich Durchfall hätte. Schlimmer noch, ich hatte ein Date!

Wen sah ich pünktlich um 19 Uhr – und ausgemacht war 19 Uhr – direkt über den Platz auf mich zulaufen. Richtig, Andy! Wow, was ein Mann! Wahnsinn, und der wollte echt mich treffen?! Ich konnte mein Glück kaum fassen.

Andy: *„Hi, schön, dass es klappt, ich hab' mich schon auf unser Treffen gefreut."*

Ich: *„Ja hi, voll cool, ... freu mich auch, dass es klappt!"* (Gaaanz breites Grinsen von dem einen bis zum anderen Ohr)

Was soll ich sagen, Andy sah nicht nur unverschämt gut aus und hatte ein Lächeln, dass einem schwindelig wurde, sondern Andy war auch noch super nett, sympathisch, hatte Humor, war interessant und hatte etwas zu erzählen. Kurz, Andy war einfach toll ... Eigentlich gab es da keinen Haken, keinen einzigen.

Es blieb nicht nur bei einem Treffen. Von nun an gingen wir öfter mal zusammen aus, ins Kino, machten Kneipentouren, sogar Radfahren und Eis essen war mit ihm möglich.
Ich fand ihn super, war total von ihm begeistert und auch schon ein bisschen in ihn verknallt.

Als wir einmal im Kino saßen, nahm er einfach, etwas nervös – was in dem Fall unheimlich süß war – meine Hand, sah mir ganz tief in die Augen und sagte zu mir übers Popcorn hinweg: *„Conny, du bist echt ein ganz tolles Mädl, dich muss man einfach gern haben.“*

(Wow! Was war das gerade? Konnte er das bitte noch mal wiederholen, ich musste mich doch wohl verhört haben)

„Okay, danke!“, sagte ich etwas verlegen und strahlte mit dem Popcorn um die Wette.

Bei einem Spaziergang durch den Wald – ach wie romantisch! Andy wusste einfach, wie man eine Frau verzauberte, und überraschte mich komplett:

Auf einer Lichtung angekommen, die Blätter glänzten im Sonnenlicht – ich dachte, jeden Moment hüpft Edward aus Twilight - glitzernd aus dem Gebüsch, so unwirklich war diese ganze Szenerie hier –, nahm er meine Hand, sah mir etwas länger als für gewöhnlich in die Augen, grinste mich an und küsste mich. Dies war unser erster Kuss.

Dann sah er mir wieder lange in die Augen und ich fürchtete schon: Jetzt geht er gleich vor mir auf die Knie, ...
aber das war nicht möglich, für so etwas musste man doch erst mal eine Weile zusammen sein, oder?

(Von so 'nem Erwachsenen-Gedöns hatte ich damals echt keine Ahnung)

Andy (nach Worten suchend und etwas schüchtern):
„Also Conny, Folgendes ... Ich muss dir was sagen", er machte eine Pause.

(Ich, mal wieder ganz angestrengt denkend: Puh, was kam denn jetzt bitte als Nächstes?)

Andy: *„Also naja, ich finde unsere Treffen immer so toll, freue mich, dich zu sehen und kann es kaum erwarten, bis wir uns dann endlich wiedersehen. Was ich ich dir sagen wollte, ich habe mich ziemlich in dich verliebt."*

In meinem Kopf herrschte ein Riesenchaos und in meinem Bauch tobten 1000 Schmetterlinge gleichzeitig: Was sagte er da gerade? Dass ich so toll wäre und dass er sich in mich VERLIEBT hätte? Verliebt in mich, dieser Mann?! Völlig unmöglich, wie konnte das wahr sein?

Ich konnte mein Glück kaum fassen – naja, eigentlich! Denn es gab noch die eine Sache, von der ich Andy noch nicht erzählt hatte, und diese lag ca. 10.000 km entfernt, war mindestens genauso aufregend und hieß Australien.

Ich: *„... Ich bin echt sprachlos und freue mich sehr, das zu hören ... Ich finde dich auch ganz toll und sehe dich unheimlich gerne. Dieser Kuss gerade, also da können wir gleich weitermachen. Nur gibt es da eine Sache, von der hab' ich dir noch nichts erzählt. Ich gehe in ein paar Wochen erst mal auf eine Reise."*

Andy: „*Ach, du machst Urlaub, das ist ja schön, wohin geht's denn?*"

Ich: „*Nach Australien …*"
(so, jetzt war es raus)

Andy: „*Was? Okay, und für wie lange?*"

Ich: „*Naja, ich hab' mal so an sechs Monate gedacht.*"

Andy (sichtlich geknickt und nicht mehr ganz so euphorisch): „*Oh, ach so, das heißt, dass wir uns erst mal eine ganze Weile nicht sehen können. Schade, echt schade!*"

Ich (nach Worten suchend, um irgendwas zu sagen):
„*Ich bin auch schon ziemlich aufgeregt und weiß noch nicht, wie das alles werden soll. Ich flieg da erst mal hin und dann sehe ich, was passiert.*"

Andy: „*Wow, krass, ganz schön mutig! Das würde ich mich nicht trauen.*"

„*Ich weiß jetzt nicht, ob ich es mutig nennen würde*", dachte ich laut.

Gut, vielleicht war es auch mutig, aber vor allem ziemlich planlos, einen Plan hatte ich damals tatsächlich nicht. Pläne sind generell nicht so mein Ding – sie bringen irgendwie nichts, denn erstens kommt es immer anders und zweitens, als man denkt.

Andy: „*Okay, dann bleibt uns wohl nichts anderes übrig, als zu gucken, was ist, wenn du wieder da bist?!*"

Ich: *„Ich fürchte ja, leider.“*

Oh Mann, das war aber auch zu schade!

Doch anscheinend hatte das Leben mal wieder andere Pläne für mich. So sollten einige Jahre vergehen, bevor wir uns wiedersahen – also so richtig, … aber dazu später mehr.

Ich weiß auch, ehrlich gesagt, bis heute nicht sicher, warum ich mich nach unserem Treffen nicht mehr bei ihm gemeldet habe. Nicht dass ich mich am Ende doch noch gegen Australien und für Andy entschieden hätte … Ja, ich glaube, das war's, vor dem ich Schiss hatte.

Allerdings gab es wirklich noch einiges zu organisieren, zum Beispiel, mir einen Rucksack zu kaufen und diesen sinnvoll zu bestücken, was sich als größere Aktion herausstellte und so aussah, dass ich ungefähr noch 10-mal umpackte, bevor ich mich dafür entschied, wie viel und was ich auf mein großes Abenteuer mitnehmen wollte.

Ich kann nur sagen: Wie die meisten packte ich einfach viel zu viel ein. Bereits nach den ersten drei Monaten flogen extra Outdoor geeignete Wandersandalen, die mir mein Papa noch schnell in den Rucksack gestopft hatte, hinaus. Die hatte ich bis dahin kein einziges Mal gebraucht und für den Rest der Zeit vertraute ich einfach darauf, dass ich sie auch nicht mehr brauchen würde. Genauso erging es mehreren Tops, zwei Hosen und einem Pulli.

Deswegen kann man in den Hostels Sachen oft gut untereinander tauschen. Es ist ja irgendwie auch logo, wo so viele junge Leute aufeinandertreffen, gibt es auch immer reichlich

Klamotten. Und stellt euch vor, auch in Australien gibt es Läden, die sogar Kleidung verkaufen.

Die meiste Zeit hatte ich sowieso immer einen Bikini an, darüber ein Top, Shorts und Flip-Flops und fertig war der alltägliche Backpackerlook.

Es dauerte also fast 10 Jahre, bis Andy und ich uns wieder trafen. Zu diesem Zeitpunkt waren wir beide solo.

Wobei, so solo war Andy gar nicht, er hatte nämlich inzwischen eine vierjährige Tochter, Emma, seine Prinzessin, sein Schatz, sein Ein und Alles.

Dazu, wie Emma entstanden ist, gab es von Andy folgende Geschichte: Logo, allein hätte er Emma wohl kaum – sagen wir – produzieren können.

Mit seiner damaligen Freundin (inzwischen allerdings Ex) hätte es nie so richtig gepasst. Trotzdem war sie auf einmal schwanger, oder wie er sagte: *„waren sie schwanger."*
Also er und sie, was 'ne Formulierung! Naja, heiraten wollte sie dann doch auch noch gerne. Er dachte: Okay, sie ist schwanger, dann machen wir das jetzt eben richtig.

Super Einstellung! So hatte ich mir das auch immer in meiner Wunschvorstellung ausgemalt. Man versteht sich so lala, wird halt schwanger, weil man mit Anfang 30 einfach schwanger wird, und dann wird auch noch geheiratet.

Ach ja, dann hatte er noch seinen eigenen Laden und so viel wie noch nie zu tun. Tolles Lächeln hin oder her, realistisch betrachtet, hatte dieser Mann überhaupt keine Zeit und schon gar nicht für eine neue Frau in seinem Leben. Er hatte ja schon zwei. Seine absolute Nummer 1, Tochter Emma, und die zweite, seine Exfrau.

Allerdings war Andy nach wie vor ein sehr attraktiver und witziger Mann. Und so trafen wir uns erneut. An meiner Aufregung hatte sich nichts geändert, das Herz schlug immer noch so schnell wie vor 10 Jahren. Und wie er auf mich zu-kam, hatte er immer noch genau dasselbe Grinsen im Gesicht.

Es war ein wirklich toller Abend, wir quatschten bis spät in die Nacht und noch perfekter wurde es, als wir das Restaurant verließen und es plötzlich begann, in Strömen zu regnen. Wobei, regnen ist gar kein Ausdruck, vielmehr schüttete es. Ach, wie romantisch! Fast hatte ich das Gefühl, mitten in einer Schnulze gelandet zu sein. Achtung Mädels, aufgepasst! Schnulzenalarm hoch 100: *„Wie ein einziger Tag"*. Kurz zum Film: Sie sehen sich nach Jahren wieder. Sie steht inzwischen kurz vor der Heirat mit einem anderen, den sie natürlich gar nicht richtig liebt, und er hat sie nie ver-gessen und war mit nichts anderem beschäftigt, als ihr und sich ein Haus zu bauen. Natürlich ist klar, sie haut ab und er hat nichts Besseres zu tun, als sich die Augen auszuheulen und ihr ihr Traumhaus zu bauen, Hollywood hat sich an der Stelle mal wieder selbst übertroffen. Ganz schön die Szene, wie sie zusammen auf dem See rudern, hinein in 1000 weiße Schwäne ... Das frühe Morgenlicht spiegelt sich im Wasser und die beiden schauen sich ganz verliebt an. Erinnerungen an alte Zeiten werden wach und das Knistern, das in der Luft liegt, ist spürbar.

Und danach, um es mal ein bisschen abzukürzen, fängt es, wie soll es auch anders sein, an zu regnen. Wobei auch hier wieder regnen, nicht ganz passend wäre. Es schüttet wie aus Kübeln, was heißt – genau, gleich werden sie nass und haben jetzt zwei Möglichkeiten. Entweder sie fallen schon im Boot übereinander her oder sie schaffen es gerade noch ins Trockene und reißen sich dann hier sehnsüchtig die nassen Klamotten vom Leib. Was ein Film! Was dann passiert, ist wohl jedem klar.

Du fragst dich sicher, was der kleine Filmausflug jetzt mit meinem Abend mit Andy zu tun hatte?

Das mit Andy fühlte sich ein bisschen genau so an – mit dem Regen und dem zum Auto Rennen, ein bisschen wenigstens.

Im Auto angekommen, ebenfalls triefend nass, lachten wir laut los und es dauerte keine drei Sekunden, da lagen wir uns knutschend in den Armen. Heute bekam ich meinen film-reifen Abend.

Seine Küsse schmeckten unheimlich gut, nach mehr, waren so leidenschaftlich und fordernd. Er roch unverschämt gut und wäre zu dem Zeitpunkt meine Wohnung nicht zu weit weg gewesen, ich hätte ihn noch mit zu mir genommen. Wir knutschten noch ewig so weiter und vergaßen alles um uns herum. Das hier, da waren wir uns beide einig, musste auf jeden Fall bald wiederholt werden.

Die Lust aufeinander war einfach zu groß, unwichtig, ob es danach mit uns weiterging oder es eben einfach nur ein toller Abend war. Dieser war ziemlich nahe an perfekt.

Andy in erwachsener Version

Nach diesem Abend gab es noch weitere Treffen. Doch auch wenn wir echt einen filmreifen Abend hatten, so richtig war ich nicht überzeugt von der Sache. Immer wieder erzählte er mir von seiner Tochter und wie wichtig sie ihm sei. Das ist an sich ja nicht schlimm, ganz im Gegenteil, ich finde das sehr schön, wenn Väter so über ihre Kinder sprechen, aber es gab nur eben einen Haken an der Sache: Das mit uns belastete ihn schon sehr. Immer, wenn wir uns trafen, hatte er das Gefühl, seine Emma zu betrügen – im Sinne von, der Papa betrügt die Mama. Hm, okay, auch wieder nicht ganz so easy anscheinend.

Es musste so kommen!

Unser Hauptthema war eigentlich Emma und seine Schuldgefühle:
„Mit Emma war ich gestern Eis essen. Emma hab' ich gestern vom Kindergeburtstag abgeholt. Guck mal da, Emma lernt Rad fahren! Guck mal, wie süß Emma da guckt!"
Ja, ich hatte es verstanden, Emma war wirklich ein süßes Kind und Andys wichtigstes Gesprächsthema.

Wenn es mal nicht um Emma ging, dann ging es um den Stress im Laden: dass es die falsche Idee gewesen war, den zu übernehmen, da er gar nicht wusste, wie er das alles abzahlen sollte, und was wieder im Team los war. Wer unfähig war, die Kasse zu bedienen usw.

Und dann gab es noch die nervige Ex, die langsam echt zum Problem für ihn wurde. Außerdem war ihr aufgefallen, dass es da anscheinend eine neue Frau in seinem Leben gab. Damit meinte er mich – Moment mal, jetzt mal für mich zum Mitschreiben: Hatte er gerade von einer neuen Frau in seinem Leben gesprochen ...? 😮

Nach ein paar Wochen war es dann so weit und er wollte mich bei sich bekochen. Immerhin kannten wir uns jetzt schon 10 Jahre, aber ich hatte keine Ahnung, wie er so wohnte, von daher fand ich es schon sehr spannend und aufregend, mal seine vier Wände zu sehen.

Kaum stieg ich in sein Auto, hüpfte mein Herz vor Freude ... Die Erinnerungen an unseren persönlichen Filmabend waren wieder präsent.

In seiner Wohnung hingen überall Bilder von ihm und Emma – ach, das war also seine Ex, die sah man hier nämlich auch auf jedem 3. Bild. Ganz klar, hier sah es mal echt anders aus als in den üblichen Junggesellenbuden, die ich sonst so kannte.

Und dann kam mal wieder alles irgendwie anders, aber lest am besten selbst.

Er kochte für mich. Das fand ich schon toll und während des Essens war da dieses ganz bestimmte Knistern zwischen uns. Bei der ganzen Spannung war es schon ein bisschen schwer, sich aufs Essen zu konzentrieren. Ehrlich gesagt, brachte ich auch nicht wirklich viel runter – zu aufgeregt war ich, was heute noch so nach dem Essen passieren würde.

Aber Zeit, mir viele Gedanken zu machen, hatte ich sowieso nicht, denn bereits im nächsten Moment kam er auf mich zu und nahm meine Hand: *„Komm mal mit!"*

Er führte mich in sein Schlafzimmer. Inzwischen waren wir beide heiß aufeinander und es war nur eine Frage der Zeit, bis hier einer über den anderen herfallen würde.
Irgendwie war da jedoch auch so ein unbestimmtes Gefühl, das ich noch nicht ganz deuten konnte.

Andy: *„Lust auf eine Massage? Leg dich hin und mach's dir gemütlich!"* (Okay, das konnte alles bedeuten, aber es klang toll) Also zog ich mir mein Oberteil aus, öffnete meinen BH und legte mich auf sein Bett.

Wie heißt's immer so schön, es muss halt auch im Bett funktionieren. Damit meine ich jetzt nicht nur den Akt an sich, viel mehr, dass man sich in den Armen liegt, wie wohl man sich dabei fühlt. Ob es passt, oder man sich dauernd *„umlegen"* muss, weil keine Position so richtig angenehm ist. Ob derjenige gut riecht und, und, und ... Auch, ob er irgendwelche komische Macken hat. Klar, Macken hat jeder, aber die Frage ist, ob man mit den Macken des anderen kann und will.

Wir versuchten jedenfalls, uns irgendwie passend hinzulegen, was aber nicht so richtig klappen wollte. Auf einmal drehte er sich zu mir um und sagte: *„Nun werde ich dich massieren. Du bist die erste Frau, nach meiner Frau, die ich hier im Bett habe, ungewohnt, aber ich freue mich."* (Puh, das war ja mal ne Ansprache!)

Meinten das etwa Männer, wenn sie davon sprachen, dass Frauen manchmal zu viel im Bett redeten, oder beim Sex? Egal, ich fand das hier jedenfalls ein wenig merkwürdig.

113

Er fing an, mich zu massieren. Erst mal den Rücken, da beginnt's ja meistens und dann wanderte er langsam immer weiter nach unten bis zu meinem Höschen. Und dann, ja dann kam die große Überraschung.

Er zog vom einen auf den anderen Moment seine Hände weg, setzte sich auf und seufzte laut.

Ich fand das zwar im ersten Moment ein wenig seltsam, immerhin entspannte ich mich gerade. Als er allerdings immer weiter solche komischen Geräusche von sich gab, konnte ich das nicht weiter ignorieren und drehte mich zu ihm um. Ich sah ihm in die Augen und fragte ihn, was denn los sei.

„Weißt du, ich kann das einfach nicht. Es ist so, als würde ich meinen Schatz betrügen, meine Emma, es geht einfach nicht, auch wenn ich noch so sehr will."

Oh Mann, das hier war ja echt rührend, nur sehr schwer zu verdauen. Was soll ich sagen: So schön und so aufregend dieser Abend begonnen hatte, so abrupt und plötzlich endete er.

Danach war die Stimmung dahin und 10 Minuten später saß ich im Auto und verstand mal wieder die Welt nicht, aber das war ja nichts Neues. Am nächsten Tag bekam ich noch eine Nachricht von ihm, dass es ihm leid täte, er aber einfach noch nicht so weit sei. Ich sei eine tolle Frau ... bla, bla, bla, aber ... Immerhin, hätte ich Andy nie kennengelernt, gäbe es jetzt keine Andy-Geschichte. ☹

WG-Abend mit Paul

Mit Paul als Mitbewohner hatte ich einen absoluten Volltreffer gelandet. Wir verstanden uns auf Anhieb einfach blendend. Bereits am Abend meines Einzugs fanden wir gefühlt 100 Themen, über die wir uns unterhalten konnten.

Mist, jetzt hab' ich hier schon wieder von einer ganz anderen Sache angefangen, nämlich von Berlin und meiner WG-Zeit mit Paul. Diese ist auf jeden Fall mehr als erwähnenswert, und das nicht nur, weil er mir, abgesehen von einem Exfreund, eines der schönsten Komplimente gemacht hat, das ich jemals von einem Typen erhalten habe (in diesem Kompliment kommen mal ausnahmsweise keine Brüste vor).

Ach, es gibt auch noch wirklich tolle Männer!

Doch ich wollte von einem ganz besonderen Conny-Paul-Abend erzählen. Wir chillten gemütlich bei Bier und Nüsschen auf der Couch und sahen uns einen Film an.

Wir hatten einen entspannten Abend, es wurde viel gelacht, noch ein bisschen mehr Bier getrunken und ich grübelte mal wieder hin und her, was ich denn nach meiner ach so erfolgreichen Bürozeit machen sollte.

Der Plan war, dass es mal wieder keinen Plan gab. Finde ich eigentlich 'ne super Sache, aber so langsam brauchte ich doch mal einen Plan oder wenigstens irgendeine Ahnung, wie es nach Berlin weitergehen sollte.

Nur noch wenige Wochen, dann war ich arbeitslos, besser

gesagt, „arbeitssuchend". Wie ich dieses Wort hasste, denn dann ging diese ganze dämliche Suche wieder von Neuem los. Wie schon so oft zuvor. Darauf hatte ich so absolut keinen Bock, da aß ich lieber noch schnell ein paar Nüsschen mit Paul.

Paul bemerkte meine Zweifel, es war, als könnte er meine Gedanken hören. Es war wirklich, als ob ich laut gedacht hatte. Also erzählte ich ihm kurzerhand von meinen Sorgen, was meine baldige bzw. zukünftige Jobsituation betraf: *„Weißt du Paul, das ist alles so mega-ätzend, ich weiß nicht wo, ich weiß nicht was: ... bla, bla, bla ... Ich habe einfach keine Ahnung!"*

Paul: *„Conny, jetzt halt aber mal die Luft an. Ganz langsam, so dramatisch, wie du das gerade siehst, ist das alles gar nicht. Weißt du, es gibt Menschen so wie Danny, die stehen am Abgrund und haben dauernd Angst, hinunter zu fallen, erzählen allen von ihrer Angst und würden sich aber N-I-E trauen, zu springen.*

Und damit Danny nicht springen muss, sucht er sich Frauen, wie zum Beispiel Claudi, um nicht springen zu müssen. So kann er sich mehr mit ihr beschäftigen als mit sich selbst. Deswegen wird dieser Mann mir auch noch in 10 Jahren von tollen Frauen erzählen und sich dann wundern, wenn's nach wenigen Monaten mit denen schon wieder aus ist. Und dann, gibt es Menschen, so wie du, die stehen am Abgrund, denken keine Sekunde nach und stürzen sich mit lautem Freudengeschrei in die Tiefe, ohne sich zu versichern, ob denn der Fallschirm überhaupt aufgehen wird. Und das, das kann ich dir sagen, das ist ein Geschenk. Solche Menschen wie du, die haben keine Angst vor Neuem oder dem, was da kommt, die sind mutig und machen einfach.

Genau so ein Mensch bist du! Also los, worauf wartest du die ganze Zeit, mach einfach und spring! Und mal ganz ehrlich, was kann denn im schlimmsten Falle passieren? Zur Not sitzt du halt noch ein weiteres Jahr in irgend'nem Job und überlegst, was du danach machen willst. Hey, auch das ist jetzt nicht gleich der Weltuntergang. Lief doch bis jetzt auch immer alles ganz gut, oder? Also wovor hast du solche Angst?

Wow, jetzt war ich wirklich platt! Nicht nur, dass mir Paul gerade – mal wieder – die Welt so schön einfach erklärte, sondern auch, weil das, was er sagte, sich für mich – wenn ich auch noch nicht ganz verstand, weshalb – auf unerklärliche Weise ziemlich wahr und vor allem sehr nach mir anhörte.

Er hatte recht, auch wenn wir uns noch nicht allzu lange kannten, Angst hatte ich selten. Genau, ich machte einfach immer. Und wer konnte einem denn auch sagen, was die Lösung für irgendwas ist? Oder welcher Job der richtige ist? Welcher Partner? Ganz genau, das konnte nur eine herausfinden, ich. Diesen Weg, mich auf die Suche zu begeben, konnte mir keiner abnehmen.

Paul: *„Schau doch mal, wo du schon überall unterwegs warst. Das mag jetzt vielleicht abgedroschen klingen, aber die Erfahrungen, die du gemacht hast, kann dir keiner mehr nehmen. So wird mit der Zeit die Liste mit all den Dingen, die du dir nicht vorstellen kannst, längerfristig zu machen, immer länger – somit hast du auch die Chance, wirklich die Sache oder das zu finden, was dich glücklich macht, dich erfüllt. Und du sagst doch selbst immer, dass eben dies das Wichtigste für dich ist.*

Deine Worte: „Man soll das tun, was einen glücklich macht."

117

Damit hatte Paul nicht ganz unrecht, und seine Antwort gefiel mir wesentlich besser als die typischen 08/15-Vorschläge eines Berufsvermittlers oder einer Suchmaschine.

Ach Paul, du bist schon ein bisschen großartig, darf ich dich heiraten?

Liebe ist ...? 💕

Gestern hatten wir einen gemütlichen Abend bei uns in der WG mit Bierchen und Chips. Spontan kam noch Pauls Kumpel Daniel vorbei und erzählte völlig begeistert von seiner neuen Eroberung, eben besagter Claudi.

Daniel: *„Claudi ist ja so toll. Ich bin so glücklich! Is' zwar noch nicht perfekt, aber nicht weit davon entfernt, wir arbeiten täglich daran. Ehrlich, ich sag's euch, so hab' ich mich schon lange nicht mehr gefühlt, es fühlt sich wie Fliegen an – nur besser! Ich kann mit ihr über alles reden. Diesmal hat's mich so richtig erwischt, dass ich das doch noch erleben darf!*

Am Freitag feiern wir schon unser Zweimonatiges! Ein unbeschreibliches Gefühl, verliebt zu sein, ich sage euch, das fühlt sich einfach so großartig an!"

Paul, mein Mitbewohner, warf mir genervte Blicke zu.

Was war denn auf einmal mit Daniel passiert? Ich kannte ihn erst seit ein paar Monaten, eben seitdem ich hier neu eingezogen war. Paul dagegen spielte schon mit Daniel im Sandkasten, die kannten sich also schon 'ne Weile.

Daniel: *„Und Conny, was gibt's bei dir Neues, was machen deine Typen?"* Daniel und Paul wussten bereits von A, B und C. Am Anfang dachte ich noch, ich werde das mal schön für mich behalten, aber schon nach kurzer Zeit entschied ich mich dafür, es ihnen doch zu erzählen. Ich wollte eben ich sein, und wenn ich etwas von Felix oder Eric erzählte, wäre es ein bisschen schwierig geworden, wenn einer gleichzeitig

119

auf einmal Businessman, DJ und auch noch Vater wäre, ... so entschied ich mich für die Wahrheit und weihte sie in mein lustiges Männerkarussell ein. Die Reaktion der beiden war viel Bier – Schweigen – und noch mehr Bier.

Doch zurück zu unserem *„Ach Leute, ich bin ja so verliebt in Claudi"*-Abend.

Auf einmal klingelte Daniels Handy. Seine Augen leuchteten und ganz verliebt sagte er: *„Das ist Clauuudi, ich geh' da mal schnell ran ... Hallo Liebste! ..."*

Er wollte unbedingt heute noch mit ihr einschlafen.
(Oh je, den hatte es echt erwischt, irgendwie auch süß)

Kaum war Danny aus der Tür, hielt Paul nicht länger an sich, sondern brach in schallendes Gelächter aus: *„Oh Mann, Conny. Hast du das nicht gemerkt, wie krass der sich grad verstellt hat? So auf Charmeur, der Wahnsinn! Das war doch null er ..."*

Ich: *„Das ist doch aber ganz süß, der ist halt voll verknallt!"*
(wenn ich da so an mein debiles Verhalten bei Felix manchmal dachte, war das ja noch harmlos)

Paul: *„Ja schon, aber wie er sich verstellt hat, sowohl hier bei uns als auch vorhin am Telefon, unglaublich!"*

So sprachen wir über verschiedene Theorien, vor allem über meine komischen *„Verliebt-sein"*- oder *„Der-will-dich"*-Theorien. Denn meiner Meinung nach gibt es sehr wohl Gründe, die erklären, weshalb es weder mit A noch mit B, noch gar mit C klappen konnte:

„Ja, ist doch auch klar, guck mal, was der schon alles erlebt hat. Die ganzen Schicksalsschläge, der hat doch ein richtiges Trauma" **oder** *„Ich bin doch viel zu stark für den".*
Oder aber: *„Am Anfang war ich auch noch Feuer und Flamme für den, bin immer wieder zu ihm gefahren, obwohl ich fand, dass es längst an der Zeit war, das er mich mal besuchen könnte."*

Oder: *„Der eine wollte mich halt irgendwie zu sehr, er wäre gleich, nach nur sechs Wochen, zu mir in dieselbe Stadt gezogen, einfach um zu gucken, wie es so mit uns läuft."*

Oder: *„Andy, gut, der hat zwar eine Tochter, die er über alles liebt, und eine Ex, aber da hätte sich doch mehr entwickeln können, warum denn nicht? Immerhin kannten wir uns noch von früher, das war durchaus ausbaufähig."*

„Und dann eben noch Felix, der war sowieso der Tollste und mit ihm war es einfach irgendwie nur magisch."

Paul: *„Conny, jetzt hör mir mal zu. Das, was du da erzählst, ist alles Schrott. Gefühle oder gar Liebe kann man nicht erklären. Zu denken, man könne die Gründe dafür kennen, funktioniert nicht. Entweder funkt es, aber unabhängig davon, ob man gleich miteinander in der Kiste landet. Oder, wie du so schön sagst, Man hat erst mal so acht bis neun ausführliche Kennenlern-Dates, um dann festzustellen: Okay das war's dann wohl auch nicht.' Doch diese Idee, es dann einfach mal irgendwie so laufen zu lassen und zu gucken, wohin sich das Ganze entwickelt, ist reine Zeitverschwendung."*

Sprach's, ging erst mal eine rauchen und ließ mich sprachlos zurück, was tatsächlich selten passiert.

Das war ganz schön viel, was er da gerade gesagt hatte. Dass man Gefühle nicht erzwingen konnte, das wusste ich schon. Logo. Ich war ja selbst schon mal in der Situation, in der es halt einfach nicht gepasst hatte – obwohl der Typ echt nett und süß war, wir uns so richtig gut verstanden, viel zusammen unternahmen und gemeinsam lachen konnten. Irgendwie hatte jedoch das magische Kribbeln und das verdächtige Grinsen gefehlt, wenn ich an ihn dachte. Da war keine Magie.

Paul kam zurück und schenkte uns noch mal ein bisschen Wein nach und fragte mich: *„Sag mal, wenn jetzt dein Traummann vor dir stünde und dir sagen würde, dass du die Frau für ihn bist und er sich nichts Schöneres vorstellen könnte, als mit dir zusammen zu sein, wie würdest du reagieren? Ganz ehrlich! Das hieße dann allerdings auch: keine anderen mehr. Dann gäbe es nur noch A so wie früher, aber denk lieber noch mal nach, bevor du antwortest!“*

Ich (am Gedanken springen): *„Hm, gute Frage. Das wäre doch ganz toll. Na klar, wenn tatsächlich der Eine vor mir stehen würde und sagen würde: Du bist's!“* – klar, wäre das großartig! Also zumindest so für den Anfang. Danach würde ich ja vielleicht noch mal ganz gerne für ein paar Monate auf Reisen gehen.

Immerhin kann man sich dann an ein paar Wochenenden treffen, es sich nett machen und einfach gucken, was die Zeit so bringt, und vor allem sich mal richtig kennenlernen …

… Denn, wenn ich ehrlich war, kannte ich die alle ja gar nicht richtig und die mich im übrigen auch nicht, aber das würde an dieser Stelle zu weit führen. Immerhin habe ich vor, noch ein paar weitere Bücher zu schreiben, da wird dann vielleicht auch das eine oder andere klarer.

Doch Paul riss mich mal wieder aus meinen Gedankenschlössern: *„Siehste, wusst' ich's doch, du bist selbst noch gar nicht für den Einen bereit. Du hast noch viel zu viele Ideen und eigene Pläne für dein Leben, da hat der Eine noch gar keinen Platz. Du musst dich erst mal selbst noch ein bisschen finden. Und dafür brauchst du gar keinen Typen. Dein Herz ist gar nicht bereit, sich zu öffnen, zumindest nicht so richtig. Du hältst es noch verschlossen und das ist auch absolut richtig so. Es ist eben noch nicht der richtige Zeitpunkt dafür gekommen.*

Aber hey, das ist doch super! Schau mal, du hast noch alle Freiheiten, bist an niemanden gebunden, hast keine Kinder und noch so viele Pläne. Dann, so wirst du sehen, wird sich das alles ganz von allein ergeben. Streiche mal alle potentiellen A, B, C und so weiter, und du wirst sehen, es läuft.

Du sagst zwar immer allen, sie sollen sich entspannen und sich keinen Stress machen, aber selbst verhältst du dich gerade auch nicht anders, wenn wir mal ganz ehrlich sind."

Wow!!! Ich war sprachlos. So hatte ich das noch nie gesehen, aber er hatte ja so recht! Ich musste zugeben, das machte Sinn und hieß im Klartext, dass ich vielleicht wirklich mal alle Typen Typen sein lassen sollte, um mich auf mich zu konzentrieren.

Mann 99 oder ein Ausblick

Wie Mann 99? Warum dann nicht gleich 100?

Es ist doch im Grunde egal, wie viele es letztendlich waren. Ein Männer-„A B C" ist vielleicht mal ganz witzig als Gedankenspiel, auf das normale Leben jedoch nicht ernsthaft anwendbar.

Viel wichtiger als die Anzahl der Männer ist die Message, die für mich persönlich hinter den Begegnungen steckt. Diese möchte ich gerne mit dir, lieber Leser, teilen.

Klar, Männer fand und finde ich immer noch toll, keine Frage! Ohne sie wäre unsere Welt auch wirklich nur halb so schön. Und sicherlich sind das Verliebtsein und die wahre Liebe die schönsten Gefühle, die wir haben können.

In dem ganzen Männerthema sehe ich inzwischen eine Art persönliche Lernaufgabe. Doch bis ich akzeptieren konnte, dass alles angeblich nur zu meinem Besten war und ich allem mit Dankbarkeit begegnen sollte, weil das Leben natürlich immer für und nicht gegen mich ist, war es ein weiter Weg.

Man hat nun im Leben mal mehr, mal weniger gesunde Beziehungen. In der Psychologie spricht man hier von Co-Abhängigkeit. Wie witzig, mein Name ist Cornelia – interessanter Zusammenhang jedenfalls.

Und „Nein" sagen – das hast du sicher gemerkt – konnte ich auch nicht wirklich. Das klappt inzwischen mal mehr, mal weniger gut. Egal, das ist voll okay, ich mach' mir da keinen

Stress – nicht mehr! Alles zu seiner Zeit. Auch das darf ich gerade lernen.

Ich bin sicher, es war für mich wichtig, diese ganzen Männer kennenzulernen und meine Erfahrungen zu sammeln, denn es heißt nicht ohne Grund:

Das Leben gibt dir solange dieselbe Aufgabe, bis du bereit bist, diese zu lösen. Das mit der Liebe und vor allem der Selbstliebe war bei mir ein weiter Weg, besser gesagt, ist es immer noch. Wenn inzwischen alles gelöst wäre, hätte ich ja auch nichts mehr zu schreiben.

Doch ich habe größtenteils Frieden mit mir und meiner Haut geschlossen. Und wie es dazu kam, würde ich dir gerne erzählen ...

Gut, das ist ja ein Buch, da habe ich wohl noch ein paar Seiten Zeit, also keinen Grund mich zu stressen ... Der falsche Stress ist ohnehin Gift – und für die Haut sowieso.

Es gab vor ein paar Jahren einen Punkt in meinem Leben, an dem ich etwas vom Geheimnis des Lebens verstehen durfte: dass wir alle das Wunder in uns tragen, jeder einzelne von uns.

Die Beziehungen, die du hast, dein Partner, mit dem du im Moment dein Leben teilst, deine Gewohnheiten und deine Gedanken spiegeln den Zustand deiner Seele wieder.

Genauso wie die Familie, aus der wir kommen, nichts anderes ist als genau diejenige, die sich unsere Seele für eben dieses Leben ausgesucht hat, um eine menschliche Erfahrung zu machen und an Herausforderungen zu wachsen.

Aber keine Sorge, keiner wird über Nacht zu Buddha oder erlangt Erleuchtung! Ganz wichtig bei dieser Sache – das meine ich mit absoluter Überzeugung – ist ganz, ganz viel Geduld und Selbstliebe. Es sind die Babysteps, die dich verändern und mit der Zeit zu einem erfüllteren und auch glücklicheren Leben führen werden.

Ich glaube inzwischen, wenn wir mutig sind und uns tief in unserem Herz fragen, was uns denn glücklich machen könnte, und was zu uns passt, werden wir Antworten auf unsere Fragen finden.

Der erste Schritt ist dabei der wichtigste. Hat man sich einmal getraut, diesen ersten Schritt zu gehen, dann – so versichere ich dir – wird es weiter gehen. Auf einmal machst du schon den zweiten, bewusst oder unbewusst.

Hab' einfach Vertrauen in dich und das Leben! Und wenn du dem Ganzen noch nicht ganz traust, dann nimm vielleicht meine Geschichte, um daran zu sehen, dass sie klappen kann, die Sache, nach der wir oft alle so verzweifelt suchen: nach unserem eigenen, ganz persönlichen Glück.

Doch das sieht wahrscheinlich ziemlich unterschiedlich aus. Was mir vielleicht leicht fällt und dazu noch Spaß macht, kann für dich die absolute Horrorvorstellung sein.

Sooft im Leben wünschen wir uns mehr Lebensfreude und Leichtigkeit, oder? Keine Sorge, selbst wenn dein Leben gerade nichts anderes als das reinste Chaos ist und du überhaupt keine Ahnung hast, wie du das alles schaffen sollst, kann ich dich beruhigen. Denn wahrscheinlich hättest du ohne diesen ganzen Mist, der dir gerade den letzten Nerv raubt, nie die wunderbare Gelegenheit, dich ein bisschen genauer mit dir selbst zu befassen.

Das Leben besteht nun mal aus Höhen und Tiefen, und ab und zu fordert es uns heraus. Doch meist sind gerade diese Herausforderungen nötig, damit wir aufwachen.

Wie schaut's denn mit deinem Job aus, bist du damit glücklich? Erfüllt er dich? Gehst du gerne zur Arbeit? Und wie sieht es mit deinen Beziehungen aus? Hast du das Gefühl, deinen Freunden auf echter Herzensebene zu begegnen? Nimmst du dir Zeit für sie? Oder läuft es meist doch nur auf einen lauwarmen Kaffee hinaus, bei dem man sich die meiste Zeit gegenübersitzt und sich anschweigt, da man nicht so richtig weiß, über was man reden soll, außer über Probleme?

Und wie schaut's mit deinem Partner aus, falls du einen hast? Wie war das gleich noch mal, als ihr euch kennengelernt habt? Hast du ihn als Partner gewählt, oder bist du gar in diese Sache hineingeraten und jetzt seid ihr halt irgendwie zusammen? Oder habt ihr womöglich noch gar nicht darüber geredet, wie genau das bei euch ist? Fragen über Fragen.

Und wie ist es mit der wichtigsten Beziehung? Ich meine die Beziehung zu dir selbst.

Warum ich das alles jetzt so schreiben kann? Weil es bei mir eben überhaupt nicht so war. Von diesen Fragestellungen war ich weit entfernt – und hätte mir mal lieber noch einen nächsten Drink gegönnt.

Alles lief aus der Spur und ich wusste, ehrlich gesagt, überhaupt nicht, wie's bei mir weitergehen sollte.

Damit du dir ein bisschen besser vorstellen kannst, wie das damals bei mir aussah, lass mich dich mal ein wenig in meine damalige Situation mitnehmen:

Ich hatte mich von meinem Freund getrennt und 'ne Woche zuvor die Frage meines Chefs, ob ich überhaupt noch Bock auf den Job hätte, mit einem eindeutigen *„Nein"* beantwortet. So locker und easy war das aber nicht für mich, es hat mich schon auch Überwindung gekostet.

Auch wenn ich für einen Moment nicht wusste, warum ich ausgerechnet DAS gesagt hatte, so war mir doch insgeheim klar, dass *„Nein"* genau die richtige und einzige mögliche Antwort war – und längst überfällig! Als ich es aussprach, schien sich etwas Schweres in mir zu lösen, ganz so, als ob ein Knoten platzen würde. Dies war der erste Schritt auf meinem heutigen Weg.

Und dann ging sie los, meine wilde Reise ins Unbekannte und endete irgendwo auf einer Insel im fernen Malaysia, wo ich endlich Antworten fand und den Grund meines Daseins ein bisschen besser verstand. Aber das würde an dieser Stelle wirklich zu weit führen.

Was ich dir sagen will:

Folge deinem Herzen, hab' Geduld mit dir, nimm deine Gefühle und vor allem die Zeichen deines Körpers ernst – dann wirst du mit der Zeit deine Antworten finden, ganz bestimmt!

Es gibt keinen einzigen Grund, warum du das Gefühl haben musst, es irgendeinem auf dieser Welt recht machen zu müssen. Keinem Partner, keinem Kind und auch keinem Chef.

Die einzige Person, gegenüber der du lernen darfst, ehrlich zu sein und die Wahrheit zu sprechen, bist du selbst.

Es ist schwierig und auf lange Sicht sehr, sehr anstrengend, wenn du die Dinge nur tust, um damit einen gewissen Erfolg oder ein in deinen Augen erstrebenswertes Einkommen zu erwerben – oder gar, um deinen Traummann zu beeindrucken.

Versteh mich nicht falsch, natürlich kannst du weiter eifrig an deiner Karriere basteln und immer noch mehr Überstunden machen oder zum hundertsten Mal Kalorien zählen und nur an Salatblättern knabbern, weil du doch so gerne diese 5 Kilo abnehmen würdest. Allerdings bin ich davon überzeugt, dass das alles nur gelingen kann, wenn du anfängst, dich auch selbst ganz gut zu finden, von Lieben muss ja keiner sprechen, aber gerne auch mit den 5 Kilo mehr.

Ich denke, fast jeder kann etwas mit Süchten anfangen. Die Klassiker wie Drogen und Alkohol sind allen bekannt. Aber mir fallen da spontan noch die Sex-, Kauf-, Gefall- oder die Bestätigungssucht ein.

Zu den beiden Letzteren hätte ich auch noch ein bisschen was zu erzählen: Ja, ich war schon ein bisschen süchtig nach Bestätigung – und ja, besonders von Männern, sehr sogar!

Gefallen wollte ich eigentlich auch allen, auch wenn ich das noch am wenigsten von mir dachte und mir lieber die Zunge abgebissen hätte, als mir dies einzugestehen.

Wenn ich mal so richtig ehrlich zu mir bin, dann wollte ich es schon immer jedem recht machen und bloß nicht auffallen. Das hatte zur Folge, dass ich jahrelang in der klassischen Mitläuferrolle feststeckte, was sich daran zeigte, dass ich versuchte, mich überall möglichst unauffällig zu verhalten, und auch nie ein eigene Meinung zu etwas hatte, da ich dachte, die würde doch sowieso niemanden interessieren.

Was in der Schulzeit vielleicht noch nicht so auffällt, zeigt sich später umso deutlicher im Berufsleben. Wenn du es bis dahin nicht geschafft hast, eine eigene Meinung zu haben, oder dich nicht traust, diese auch zu äußern – weil man das nie gelernt hat –, dann wird's ziemlich schwierig, wie eigentlich mit allem. Denn wer keine eigene Meinung hat oder diese nicht vertreten kann, ist schnell mal leichte Beute für die anderen oder auch einfach das Mobbingopfer. Und das will wirklich keiner gerne sein.

Ganz zu schweigen davon, was geschieht, wenn man einen Job mit Verantwortung und am besten noch mit Mitarbeiterführung bekommt. Und selbst wenn man nach Außen stark wirkt, haben wir doch alle unsere Masken, die Selbstsicherheit und Stärke ausstrahlen, hinter denen wir uns verstecken und ein Stück weit auch von den anderen abgrenzen können.

Doch irgendwann kommt der Punkt, an dem es ultra-anstrengend wird, immer mit dieser antrainierten Maske herumzurennen – und die Fassade fängt langsam an, erste Risse zu bekommen: anfangs vielleicht nur sehr dünne, kaum sichtbare, aber mit der Zeit werden diese Risse immer tiefer, bis schließlich die Gefahr besteht, dass die Fassade in sich zusammenfällt.

Wie selten begegnen uns im Leben noch Menschen, die ernsthaft Fragen stellen, wenn sie die Gefühle und Verletzlichkeiten des anderen nicht auf Anhieb verstehen. Wir fühlen nun mal alle auf ganz unterschiedliche Art und Weise. Was den einen verletzt, lässt den anderen kalt und umgekehrt. Ich denke, das ist ein weiterer Grund, warum es so wichtig ist, zu verstehen, wer man ist und warum man so ist, wie man ist.

Doch noch mal zu unseren Masken zurück: Viel einfacher wäre es möglicherweise, wir würden diese öfter mal abnehmen und uns der Welt zeigen, wie wir wirklich sind. Doch diese Option erscheint den meisten zu gefährlich, denn dann sind wir ja auf einmal verletzbar.

Dabei sind wir hinter unseren Masken alle auf der Suche nach Akzeptanz, Annahme und Liebe.

Und viel zu oft vergessen wir, welche Gaben wir als Menschen besitzen, mit denen wir die Welt verzaubern können.

Tanzt du für dein Leben gern? Oder kannst du beim Malen alles um dich herum vergessen? Oder vermagst du mit deinem Lächeln, die Welt zu verzaubern? Es ist Zeit, aufzuwachen, ein bisschen Druck aus allem zu nehmen. Denn du kannst so viel! Du darfst endlich wieder anfangen, daran und vor allem an dich und dein inneres Licht zu glauben.

Verstehst du, was ich sagen will?

Anstatt dich auf die Suche nach dir selbst zu begeben, zu entdecken, was vielleicht gar nicht so schlecht an dir selbst ist und mit was du sogar noch dein Umfeld verzaubern kannst

– völlig unabhängig von körperlichen Nebensächlichkeiten und oberflächlichen Erscheinungsmerkmalen –, verpasst du eine ganz zauberhafte, wunderschöne Sache: nichts geringeres als dein LEBEN.

Denn falls dir Nils sagt: *„Hi Clara, dein Arsch ist einfach zu fett, bitte geh doch öfters mal ins Fitti, oder hör am besten ganz mit dem Essen auf!"* ,dann gib ihm einfach einen Arschtritt in seinen knochigen Allerwertesten und zeig ihm, wo die Tür ist. Das hast du echt nicht nötig.

Was ich mir von Herzen für dich wünsche:

Ich wünsche mir, dass ich dich mit meinem Buch dazu ermutigen konnte, mal selbst in dich hineinzuhören. Wer weiß, vielleicht schlummern da ja noch ganz andere Talente. Für die braucht es nämlich keine Noten oder besonderen Abschlüsse. Das Geheimnis und das Wunder deines Lebens liegt allein in DIR.

Vergiss bitte nie, wie wunderschön und immer GELIEBT du bist, warst, und auch in Zukunft sein wirst. Ich freue mich, dir helfen zu können, dein inneres Licht wiederzufinden.

Ich denke, dir werden dieselben Muster und Verhaltensweisen so lange in Form von Personen und Situationen im Leben begegnen, bis du bereit bist, diese aktiv zu ändern. Ich kann dir mit Sicherheit sagen, das Leben kennt kein Zeitgefühl (und sicher auch keine Eile).

Also entspann dich, nimm dich nicht so wahnsinnig ernst, sei mutig und sammle fleißig Erfahrungen. Was gut in deinem Leben ist, kannst du gerne beibehalten, und bei den

Bereichen, in denen du gerade noch viele Fragezeichen hast, habe ich einen Tipp für dich: Lehn dich entspannt zurück, schließ deine Augen und atme tief ein. Mach dir bewusst, was für ein Geschenk du hast, du hast ALLES:

Du atmest und Atem bedeutet Leben. Und das ist doch einfach wundervoll, oder?

Auch wenn es gerade gewisse Umstände in deinem Leben geben sollte, die deiner Traumvorstellung nicht entsprechen, ärgere dich nicht länger über das, was nicht klappt, sondern freue dich lieber über die Dinge, die DICH wirklich glücklich machen: Vielleicht deine kleine Tochter, die dir einfach alles bedeutet. Oder hast du gestern einen schönen Abend mit Freunden in toller Gemeinschaft verbracht? Konzentriere dich auf die schönen Dinge im Leben. Gib dir Zeit und erschaffe dir dein Leben in deinem Tempo und frei nach deinen Vorstellungen.

Bei mir war es ein jahrelanger Prozess, bis ich mich nicht länger dafür bestrafte und mir einredete, dass ich einfach nicht hübsch, toll oder spannend genug für die Welt, insbesondere die Männerwelt wäre.

Genauso hier mit meinem Buch. Ernsthaft ein Buch?

Eigentlich unglaublich, dass ich irgendwann mal so mutig war und mich entschied, meine Gedanken mit dir zu teilen.

Geh mit Vertrauen, Mut und Leichtigkeit durchs Leben, dann darfst du dich darauf freuen, die richtigen Menschen zu treffen. Und du wirst sehen, mit diesen wird es sich wie auf magische Weise gut und leicht anfühlen. Du kannst auf einmal so sein, wie du bist, ohne dir stundenlang einen Kopf zu machen, wie du bei deinem Gegenüber ankommst. Schluss mit solch zähen, langweiligen Gesprächen, bei denen keiner so genau weiß, was er sagen soll. Und wer weiß, vielleicht ist dann ja auch dein Mr. Right dabei. Wahrscheinlich wirst du es nicht bemerken, weil du endlich gelernt hast, dass du am schönsten bist, wenn du Du bist – und dass es um mehr geht, als irgendjemandem zu gefallen.

Bei meinem ersten Buch-Projekt musste ich mich ebenfalls vielen Ängsten stellen und mit der Zeit lernen, einfach zu mir zu stehen.

Dass es vielleicht nicht so gut ankommen könnte – oder ich danach wirklich niemanden mehr abbekommen würde, so als Dating-Queen, ja solche Dinge darf ich mir regelmäßig seitens meiner Familie anhören.

Irgendwo aber auch verständlich, immerhin ist das eine ganz andere Welt für sie. So etwas macht man doch nicht. Doch irgendwann fiel es mir wie Schuppen von den Augen, dass sie nicht mein Leben und ich nicht ihr Leben lebe.

Keiner kann dir den perfekten Ratschlag geben, wie du am besten dein Leben leben sollst. Das kannst auch nur du, denn keiner empfindet und fühlt so wie du.

Ich darf sagen: „Auf so etwas pfeif ich inzwischen" , denn es kam bei mir der Punkt, an dem ich mich entscheiden musste: Entweder ließ ich meine Zeilen irgendwo in der Schublade verschwinden oder ich war jetzt einfach mal mutig und zog das durch – und das mit meiner Herzenssprache, der Sprache, die Herzen berühren soll.

Außerdem ist bei mir genau das passiert, was ich über den ersten Schritt auf meinem Weg gesagt habe:

Seitdem ich nämlich die Entscheidung getroffen habe, aus meinen Geschichten ein Buch zu machen, ist so viel WUNDERBARES in meinem Leben passiert: Wunder, Wunder, Wunder – du darfst lernen, daran zu glauben!

Ich habe erleben dürfen,
worum es mir wirklich im Leben geht:

Dankbarkeit,

Freunde, die zu Herzensmenschen wurden,

meinen eigenen Mut und mich zu trauen,
einfach ICH zu sein.

Männer (gut, die sind einfach überall)

verschiedene Bühnenauftritte,

ein eigener Podcast (ist in Planung),

meine Kreativität (Malen, Schreiben, Tanzen),

eine neue Richtung im Leben: Ausbildung.

Ich habe bewusst längere Zeit
in meiner Heimat verbracht, mein Lachen
und meine Lebensfreude zurückgewonnen und ...
mein erstes Buch geschrieben ❤

Seitdem geht's mir richtig gut und ich bin unendlich dankbar, diesen Weg gehen zu dürfen, voller Lebensfreude, Vertrauen und ganz viel Mut.

Ich hoffe mein Buch dient dir vielleicht als kleiner Mutmacher und zeigt dir, was alles möglich ist, wenn du dich mal traust und mit deinen Ängsten auseinandersetzt.

Die Angst kann uns ganz schön Angst machen. Doch hier gilt zu verstehen, dass sie nur da ist, weil sie uns beschützen will. Doch die Angst will uns auch in unserer Komfortzone halten: in der is es bequem ist.

Der Riesenvorteil: Inzwischen weiß ich immer besser, was ich will und was nicht. Wer ich in dieser Welt wirklich sein will, und wer nicht. Was mich glücklich macht und was so GAR nicht. So einfach.
Das würde ich mir so sehr für dich wünschen: Werde glücklich, lebe ein erfülltes Leben und schließe Frieden mit dir und deiner Vergangenheit. Was war, ist gewesen. Also ändere dein Jetzt und damit deine Zukunft.

Mag sein, dass es für dich verrückt klingt, aber hey DU bist absolut super. wie du bist und wenn das einer nicht zu schätzen weiß, dann weißt du was: *„Fuck off"* und sag *„Tschüss"* zu dieser Person oder einem Leben, das eh noch nie zu dir gepasst hat.

JA, ich kann dir sagen, das Ganze funktioniert. Wirklich! Zu Beginn wirst du dich verändern – anschließend dein Umfeld und am Ende wird sich dein gesamtes Leben ändern. Du hast die Möglichkeit herauszufinden, was sich gut anfühlt, was dir gut tut und was dir leicht fällt.

Frage dich bewusst, was du im Leben willst, was dich wirklich zum Strahlen bringt und dein Herz höher hüpfen lässt. Dies erfordert Mut, Energie und Geduld.

Aber hey, ich versichere dir, es lohnt sich!
Denn es erwartet dich nichts Geringeres als dein wunderschönes Leben, das nur darauf wartet, endlich von dir gelebt werden. Was es dazu braucht? Ein lautes JA zu dir selbst und deinem eigenen Leben!

That's the magic

... ganz viel Liebe ♡

Ich bin unendlich dankbar für all die wunderbaren HerzensMenschen, die ich in meinem Leben haben darf.

Ohne euch wäre dieses Buch hier sicher niemals entstanden. Ganz besonders möchte ich mich für eure Unterstützung, euer Zuhören, einfach Dasein und auch mal für das Trocknen der ein oder anderen Träne von Herzen bedanken.

Ihr seid der Grund, warum ich das alles hier aufschreibe, weil ihr anhand eurer Begeisterung, eurem gespannten Zuhören und Ermunterungen wie *„Conny lies weiter!"* mich etliche Male darin bestärkt habt, weiter an mich und diese Idee mit dem Schreiben zu glauben.

ICH LIEBE EUCH VON HERZEN ♥♥

Ein ganz besonders großer Dank und ein riesengroßer Blumenstrauß voller bunter Herzen darin geht an folgende Personen: Zuerst mal meine lieben Eltern, die mir mit dem Leben die Chance auf mein Sein, das Ausleben meiner Kreativität und meiner ganz besonderen Energie gegeben haben. Die mich immer unterstützt und an mich geglaubt haben.

Meine Herzensbrüder Max und Basti, ich liebe euch bis zum Mond und zurück!! Meine lieben Omis und Opis, die heute alle versammelt auf ihrer Wolke sitzen und mir bei meinem verrückten Leben zugucken. Meine verrückte, aber großartige Chrystal, mit deiner Power und deiner Energie bist du mir ein absolutes Vorbild und ich freue mich schon auf den nächsten gemeinsamen Eisbecher. So das wäre der Familyteil.

Und jetzt mein liebes, wunderschönes Schnabeltier Lina, ich bin so unendlich dankbar, dass sich unsere Wege wieder gekreuzt haben und wir noch ganz viel vor uns haben in diesem großartigen Leben.

Dann meine liebe Kathrin, Sita from another mister, immer miteinander verbunden. Und glaub an dich, du bist großartig!

Meine liebe Yvonne-Maus, meine großartige Freundin und wunderbare Grafikerin, die eine Roh-Wort-Datei in ein so einzigartiges Exemplar verwandelte.

In dem Zusammenhang gleich auch noch die wunderbare Barbara, meine Lektorin, die aus meinem Manuskript echt das Beste rausholte und mit ihrer Professionalität meinen Worten den perfekten Schliff verlieh. Danke dir von Herzen für deinen grandiosen Einsatz und die verschiedenen Änderungen, durch die mein Text zum echten Juwel geworden ist.

Meine göttliche Engelsschwester Sonja, was soll ich sagen, Universe knows it better! Ich bin so dankbar für diese Verbindung, du bist ganz oft an meiner Seite – wenn nicht dabei, dann sicherlich im Herzen. Mit dir, weiß ich, habe ich keine Langeweile, du hast mein Leben so was von auf den Kopf gestellt, aber ich möchte keine Sekunde davon missen – freu mich schon auf unser Buch, das wird der Hammer!

Franz, du bist ein toller Mensch, toller Motivator und ein großartiger Künstler. Patrick, dem ich es verdanke, nach Jahren wieder Bühnenluft zu schnuppern und heute auch hier zu stehen und mit meinen Geschichten verzaubern zu dürfen.

Gemeinsam werden wir noch so einiges rocken.
Danke euch von Herzen!!!

Never stop believin' – und am Ende siegt die Liebe.

So, jetzt freue ich mich auf die nächsten Begegnungen und
spannenden Geschichten, die das Leben schreibt.

In Liebe,
eure Conny